増補改訂版

生協の道

――西村一郎・最後のメッセージ

西村一郎
（生協研究家）

同時代社

刊行にあたって

現代ルポルタージュ研究会の仲間、西村一郎さんは「有言実行の人」でした。創設の会員ではありませんでしたが、入会されるとすぐに中心的な存在になりました。それは「有言実行」の人だったからです。例会で、このようなテーマでルポルタージュを書こうともっていると発言すれば、かならず数ヵ月後には最初の原稿をもって例会に現れるのです。そして実行力はルポルタージュだけでなく、ボランティア活動でも発揮されました。スリランカが地震・津波による大きな被害に遭った時、彼は周囲の人から募金をあつめて現地に飛びました。どこかの機関を通すのではなく、現地に行き、現地の文房具店でノートや鉛筆を買い込み、自分で車を運転して被災地に行き、そこの小学生に手渡すという実践的・具体的な生活に根差した活動を即座に始められるのです。そのような合間にも取材してルポルタージュも書き、本書奥付にあるような多数の本を出版されるのですから、そのタフな仕事ぶりには目を瞠るものがありました。

そんなタフガイの西村さんから昨年（二〇二三年）の一一月二七日、電話をいただきました。半年ほど前にお会いした時、ずいぶん痩せていらっしゃったので、お元気ですかと問いますと、「いや、いま入院しているのです。検査してもらうつもりで来たら、即入院といわれてしまってね、余命も年内あるいは年明け頃までと言われてしまった」と淡々とおっしゃるのでした。

私は言葉が出ませんでした。彼は冷静な声で「自分史をつくりたいと思っていたが、その時間はなさそうだから、同時代社から出版した三冊の本を中心につかって、自分史のようなものを作ってほしい」と言われるのです。私は下手なルポルタージュを書いているものの、編集者ではありませんので、プロの飯島信吾さんに相談すると申しました。「そうですね。そうしてください。一%かもしれないけれど、生きる希望は捨てないでいくつもりだから」とも冷静な口調でおっしゃいました。

私は電話が終わるとすぐに、プロの編集者である飯島さんに電話しました。とにもかくにも年内に構成だけでも示さないといけないと思ったのです。（上田裕子）

昨年（二〇二三年）の一二月六日（木）、西村一郎さん（元生協総合研究所研究員）が急逝された。お亡くなる直前の一一月二七日（月）〜二八日（火）にルポ研の上田裕子前代表と編集子に直接、それぞれ電話があり、か細い声で「自分が書いた本三冊とエッセイ（同人誌に書いた）一本」を読み込んで、「なぜ自分がルポを書いてきたか、一冊に編集してほしい」と言われた。

その三冊のテキストを出版社側から送ってもらい読み込んで編集したのが、本書である。

著者は、これまで四〇冊に及ぶ単行本を出版しているが、一貫して貫いていることは食のあり方、平和と協同、そして「日本の生協のアイデンティティ」を確立するための刊行物であった。

とりわけ本書は、著者の生涯をかけた「生協の道」を探求するメッセージが込められた文章を書き続けられており、あとに続く「生協人への励ましと希望」をこめて未来の探求心の所在を書いている。

それは「生協とはなにものか」と自己を客体化して、自問自答し、「子どもや孫に同じ職場で働かせたいか?」と問う精神。「五方よしの生協産直とは」を考えるために「生産者への期待」「生協の問題意識はどうか」、など一緒に考えませんかと呼びかけ、「いずみ問題の解明体験」から、「生協と生協人のあり方」を今一度考えるために、「生協における働き方」を問い直し、経営ビヘイビア精神に「ドラッガーとフランクフルの思想も生協に」取り入れる提案もしている。

実践編では「被爆ハマユウの経験から平和への希求心」と生協の産直ネットワークづくりの一つの経験＝恩納村（沖縄）でのモズクとサンゴへの取り組みの先進性を語りながら、

生協・生産者・地方自治体の協同から地域づくりへの未来を語っている。

返す返すも残念なのは、まとまった編集ゲラを著者が最後に目を通すことができなかったことだ。しかし、ご家族の配慮で、ここに出版できることとなった。

次の世代の方々に、著者への共鳴の輪が広がるように、願うだけ。（飯島信吾）

上田裕子（現代ルポルタージュ研究会）
飯島信吾（インターネット事業団）

二〇二四年二月

目次

第二部　生協で生きてルポを書き続けたこと　41

第一部　私がルポを書き続けられたわけ

――同行二人・これからも柳澤明朗さんと共に

［第一部　出所］『たたかいのルポルタージュ』
（二〇一九年四月、16号、Ａ５判、現代ルポルタージュ研究会）

はじめに

いつか柳澤明朗さんとの別れの日はくると覚悟していたが、突然の知らせに驚いた。私は小説を書いていた頃もあったが、何か物足りなさを感じていたときに、事実で語る力強いルポルタージュを知り、都内の中央労働学院で取材の方法や書き方などを学んだ。そこの卒業生で組織している現代ルポルタージュ研究会を、講師の今崎暁巳（一九二九〜二〇一〇）さんから教わり参加させてもらった。その会で顧問をしていたのが柳澤さんで、私は三五歳で一九八四年のことだった。

会の同人誌『たたかいのルポルタージュ』を発行しているときは、定期的に会合を持って作品の合評や顧問からの話などを聞いたりしていた。

「ルポは、〇〇を書くのでなく〇〇で書く」

「鐘は、強く打つことによって大きく響く（取材相手に強く迫ることで、大きな反応を得て内容がより豊かになる）」

「物事には表もあれば裏もある。両方を描いて立体的に表現する」

「抽象的な形容詞を使わず、具体的な事実の積み上げで本質を伝える」

どれもが書き手にとって大切な指針である。私はこれまで四〇冊近い単行本を書かせてもらい、その中に柳澤さんの教えをいくつも活かしてきたし、これからも続けるつもりである。

ルポ研の会合が終わると、一〇人近い仲間といつも飲みに行った。ビールやワインや焼酎など、それぞれが好きな飲み物を手にする。柳澤さんと私はいつも日本酒だったこともあり、飲むときは近くに座り話をする機会も多かった。

とにかく柳津さんは熱血漢で、論理立てていつも熱く語ってくれた。それも堅い話の中にユーモアを交え、いつも楽しい時間であった。

二〇一八年で六九歳の私は、これまでに何人もの大切な人との別れがあった。辛い別れの最大は三六歳だった実母とで、小学三年の九歳だった私の小さな心に、人はこの世から全くいなくなることを深く刻んだ。

ところで私の故郷である土佐の高知では、四国八十八カ所巡りの白装束のお遍路さんをときおり見かけた。小鈴を鳴らしながら読経しつつ玄関に立てば、子どもでも出ていって一握りの米を手渡していた。そうしたお遍路さんは、菅笠や杖に同行二人と書いてある。真言宗の開祖である弘法大師（空海　お大師さま）が側にいて、どんな困難なときも共に歩んでくれることを意味する。死者はやがて仏となり、現世に生きる人々を見守り励まし

柳澤明朗さん

てくれる教えによる。
　そうした仏教を信仰するかどうかは別にして、大切だった亡き人を心の片隅に置き、支えにし暮らしている人は多い。一人ひとりの人間は弱い存在で、自分の力だけではどうしようもない苦しみや悲しみなどに直面して困惑することは、長い人生で時々おこる。そうしたとき「自分は決して一人ではなく、大切な○○さんが傍にいて見守ってくれる」と考えれば、苦しみや悲しみを和らげ、試練に押しつぶされることなく心を強くして、故人と一緒に自分なりの人生を歩むことができる。私の実母もそうで、二〇歳で南国土佐を後にして上京する時に持参した小さな位牌を、今でも書棚に飾り朝夕手を合わせている。私にとっては、お大師さまよりも母との同行二人である。

　他にもいる。敗戦となった中国大陸で自らの片目をつぶし帰国した亡き父や、自らの人生で人間らしい生きる方を教えてくれた恩師たちも、また別の同行二人となった。そうした支えがあって私は一歩一歩進んできたし、これからも歩んでいくことができるだろう。何人かの同行二人がいる中へ、新たに柳澤明朗さんをぜひ加えたい。

　一九九四年に柳澤さんから私は、出版してすぐの『若者いろの涙あふれて――だれもが主人公のぞうれっしゃ』（ふきのとう書房）の表紙の裏に、毛筆で「ともに未来を創る」と書いていただき、今も書棚に並べている。久しぶりに読み返し、柳澤さんの企画した品川駅から名古屋駅まで特別仕立ての「ぞう列車」に同乗したことや、新宿の歌声喫茶「ともしび」にて柳澤さんを交えルポ研の仲間で、合唱構成「ぞうれっしゃがやってきた」（原作：小出隆司　作詞：清水則雄　作曲：藤村記一郎）を大きな声で歌ったことなどを思い出した。

　第二次世界大戦のとき国内で動物園の猛獣を殺す命令が軍から出て実行し、造は名古屋の二頭を残し全て処分となった。戦争が終わり象をぜひ見たい東京の子どもたちを乗せた特別列車が、動物園を訪れるため市や国鉄などの協力で一九四九年に名古屋へと走った。そうした数々のドラマを本もの歌詞と曲にし、児童と大人の男女混成の合唱の他にも、バリトンやソプラノのソロ、ナレーション、空襲警報や汽笛と汽車の走る音などで構成されている。

この「ぞうれっしゃがやってきた」は、一九八六年に「愛知子どもの幸せと平和を願う合唱団」が名古屋市で初演した後は、同年の日本のうたごえ祭典を経て全国へと流れ、さらにはタイ・韓国・中国にも広がり、今も各地で元気に歌われている。

柳澤さんは、ルポルタージュの書き方だけでなく、激動する社会に正面から向き合い、どのように人間として生きていくべきか何回も熱く語ってくれた。その情熱は、これからも私も忘れることは決してないだろう。もっと詳しく柳澤さんを知りたくて、手持ちのルポ研の資料などを整理し、あわせて妻の節子さん（八五歳）を横浜に何度か訪ねた。

一　母千枝さんに手を引かれ

千枝さんの教育

一九一〇年（明治四三年）生まれの千枝さんは、同じ群馬県出身の軍人柳澤信衛（のぶえ）さんと結婚し、二年目の一九三四年（昭和九年）一月に明朗さんを出産した。ところが同年の一〇月に、宮中を守る先鋭部隊である近衛三連隊の将校であった信衛さんは、品川駅前で車に跳ねられそうになった老人へ体当たりをして助けたが、本人は死亡してしまった。

残された二四歳の千枝さんは、葬儀が終わると幼児の明朗さんを抱いて群馬県高崎市郊外の村にある実家へ戻り、再婚の話もあったが全て断わり、安月給の教師をしつつ母親と一緒に明朗さんを大切に育てた。

唯一の形見である一人息子を、世間からけっして笑われることのないようにと、千枝さんは厳しい子育てをした。明朗さんの話では、物心ついた頃から毎日のように、「お前の父は軍人の鏡だ。人を助ける事で自らを投げ出したそのお父さんを継げ。しかし、一九歳以降は生きていると思うな。思ってはいけない。お前の命は、天皇陛下に捧げてあるから」と聞かされ、将校になるための猛勉強と躾を強いられていた。

大きな仏壇の前で明朗さんは毎日正座して勉強させられ、計算や漢字を間違えたりすると、太ももにあざができるほど千枝さんから強くつねられ顔をゆがめた。

また母から「小説を読むと不良になる」と厳命された明朗さんは、学校の勉強一筋で過ごし、少年向けの小説などを読んで夢をふくらませることなく育ち、天皇へ命を差し出す超戦争少年となることに疑問を持たなかった。

それでも明朗さんは、こんなに厳しい千枝さんが本当の母親なのかと疑ってみたり、死んだ後の自分はいったいどこに行ってしまうのかと星空を見上げて思案したりするなど、口や態度にこそ出さなかったが母への反発を秘めていた。

戦後の社会変化は、千枝さんの考えにも影響し、一九五七年から五八年にかけ教員への勤務評定反対の闘争では、教職員労働組合の一員として活動した。千枝さんは一九六六年から都内の柳澤家で一緒に暮らし、『子どもを戦争から守るために——私の戦争体験記』（新日本婦人の会渋谷支部、一九九三年）で、以下のように戦前の自らの教育を後悔している。「幾多の可能性を持った子ども達に、いつでも戦争に役立つような訓練をさせる当時の教育の在り方や政治に疑いも持たず、これに協力してきた自分を思う時に懺悔《ざんげ》堪えません。と同時に明治末期に生を受け、封建時代からずっと『知らしむべからず拠《よ》らしむべし』という日本のやり方に育成された自分を振り返る時、教育の力がいかに大きいものであるか、身に沁みて感じました」

その中で「ぞうれっしゃがやってきた」に出あった千枝さんは、教員時代に音楽を教えていたこともあり、明朗さんと一緒に舞台へ立つこともあった。歌の練習の合間には戦前の学校教育について、千枝さんの反省を子どもたちに語った。

人生を短歌で綴り

千枝さんは、『歌集　くわの実』などでたくさんの短歌を残した。そこから明朗さんに関わるものを並べてみた。若くしての夫との死別や、戦争など激動する時代に翻ろうされつつも、母として一人息子をしっかり守りながら、強く生き抜いてきた意気込みを感じることができる。明朗さんの年齢を付け足した。

お七夜　昭和九年一月　〇歳
教うるにあらねど我児は乳首を　巧みに吸いて安らけく寝る

夫の不慮の死にありて　昭和九年一〇月　〇歳
幼な児の父死に給うとも知らず　喪服の腕に安らけく寝る

肺炎にて吾児高輪病院に入院して　昭和一〇年三月　〇歳
入院の子の枕辺に呆然と　たたずむ吾に看護婦の声

退院二日目故郷に帰りて　昭和一〇年六月　〇歳
こんなにもやせて母は早や涙　頬すりよせて孫いとおしむ

夕立の日に　昭和一一年一二月　一歳
雷を嫌いて泣ける幼な児に　南無らいでんと祖母は祈りぬ

母と亡父の思い出を語りて　昭和一二年九月　二歳

亡き父の世に在りませば如何ならんと　吾児を抱きて母と語りぬ
八幡小学校入学の日に　昭和一五年四月　六歳
ハンカチを折目正しく胸に下げ　ま深にかむる学帽のいとし
勝田町艦砲射撃の日に（明朗小五年生、庭に掘った防空壕）昭和一九年　一〇歳
子の掘れる防空壕に身をひそめ　解除のブザひたすらに待つ
上信線に乗り旧制中学校へ通う子　昭和二二年四月　一三歳
上信一ぼろい服だと平然と　言いのける子の頼もしく育つ
ハンドボールの選手となりて　昭和二二年四月一三歳
四〜五杯をまたたくひまに平らげて　子はたくましき少年となる
中央大学入学のみぎり　昭和二八年四月　一九歳
意気高き青年となりて論ずるも　なお幼顔残る吾児なり
入学当初あまりにも度々の送金に　昭和二八年四月　一九歳
今日もまた送金せよと言い来しかと　便りは後に弗入《どるいり》を見る吾
早稲田大学大学院入学　昭和三二年四月　二三歳
夢に見し大学院に学ぶ子の　恩師を語る輝けるひとみ
ラジオ東京テレビ結婚式をあげて　昭和三三年一〇月　二四歳

吾児とわに妻な離しそ　吾が徹を踏みな給いそ斯《か》く母は祈る

大学院卒業式に参列して　　昭和三五年三月　二六歳

蛍雪の功なり吾子は晴々と　卒業証書母の手におく本栖湖《もとすこ》にあそびて

幡ヶ谷子供の教育を語る会などが主催の第三回親子キャンプ　昭和四九年八月　四〇歳

団結のわと燃えさかるファイヤーに　笑いさざめく子の顔の映える

千枝さんは一九九五年に八四歳で他界するまでの人生の多くは、夫を胸に秘め凛として生きてきた。そうした母と子の歩みにとって、大きな出来事の一つは第二次世界大戦で、親子が期待した神風は吹かずに日本は負けた。一九歳になったら軍人としてりっぱに死んで、靖国神社に祀られるものと考えていた明朗さんは、それ以降も生きていかなくてはならなくなった。日本の敗戦理由が理解できず、あこがれの陸軍士官学校への夢は途絶え、これからどう生きていけば良いのかまるで分からなかった。中学では軍隊戻りの上級生たちに拳銃での度胸試しを受けながらも、ハンドボール部に入って汗を流し、国体での優勝をめざして明朗さんは訓練を重ねた。

息子を超戦争少年に育ててきた千枝さんは、戦後は司法試験に合格して社会人になるレールを敷き、明朗さんはそれに乗り替えた。上京した当初はあまり熱心に勉強せず、自由に寝坊のできる寮生活はダラダラと過ぎていった。

それでも一九六〇年になる前からの日本では、学生運動や労働組合運動が激しくなり、安保反対の大きなうねりが明朗さんも呑み込み、社会を学ばずにはいられなくなって地域の小さな勉強会に参加し、やがて平和を愛する社会人へと成長していく。激動する社会の中で、自らの意思を大切にして人生を歩んだ母千枝さんから、明朗さんが影響を受けたことは多い。

二　妻節子さんとの歩み

二人の赤い糸

明朗さんは一九五三年に中央大学法科へ入り、初めての都会生活がはじまる。群馬県出身の男性だけの寮である上毛学舎で社長との愛称の人気者となり、大学の講義は退屈だとさぼり自由な青春を楽しみ、二〇歳になっても司法試験に興味はなかった。そんなときである。近所の若い夫婦の勉強会が話題となり、美味い物も食えると寮から何人かで押しかけた。小さな一軒家で丸いちゃぶ台を囲んでの会は、熱気あふれ学生たちを夢中にさせた。

戦争中に神風が吹くと国民は信じていたのに負けた原因が分からず、大人は誰もそのこ

柳澤明朗・節子夫妻

とについて語らないし、納得のいく説明を若者が受けていない時代であった。

他方で旧姓山田節子さんは、成人の日を記念して何か学ぶ場を探していた。たまたま馴染みの本屋で紹介を受けたのが同じ勉強会で、そこで二人は顔を合わせ、五年後には始まったばかりのテレビ結婚式をあげることになる。

六五年前の想い出を節子さんは、微笑ながら語ってくれた。

「小さな家での勉強会は、昔からの友だち同士のように和気あいあいとし、哲学や文学や政治など多岐にわたって、私にはレベルが高くても面白く、会のある金曜日の夜が待ち遠しいものでした。また皆でキャンプやサイクリングや歌声祭典にいくなど、それは青春を謳歌したものです。

当時は戦後日本の大きな変わり目となる六〇年安保の前夜で、組合運動や学生運動も活発で誰もジッとしていることのできない時代でした。このため明朗さんは、はじめて自分の意思で労働法のゼミで学ぶと決め、早稲田の大学院目指し勉強していました。

両親と子ども六人の大家族の山田家は、住宅難でもあった戦後八年目にやっと家族揃っての生活ができていたので、私は高卒の資格ぐらい持ちたいと夜学へ通うことにしました。妹となら夜道も大丈夫と考え、勤めていたダイヤモンド社の帰りに通うことのできる港区の都立三田高校を二人で選びました。明朗さんが、受験のための家庭教師を喜んで引き受けてくれたものです。

私と妹は、勤めと授業が終わった安堵感で新宿駅まで帰ってくると、いつも明朗さんがベンチで本を読んで待ってくれていました。それが四年間も続いたのです。三人で帰宅するまでの間が、楽しいおしゃべりタイムでした。家の玄関を開けると『お帰りなさい！』と妹や弟たちが大声で迎えてくれ、上がった明朗さんも一緒に遅い夕食をとりながら、大きな笑い声が部屋中にいつも広がりました。それでも父や母は何も言わず、しばらくたつと明朗さんはご機嫌で寮に帰っていきました」

こうして明朗さんの明るい人柄が、山田家の全員に受け入れられていった。

父親と家庭への憧れ

明朗さんの関心の先はもちろん節子さんにあったが、一家の大黒柱である父親と八人が、楽しく暮らす家庭の雰囲気も大きかった。節子さんの話は続く。

「一八九九年（明治三二年）生まれの私の父俊一は、大手商社のエリートサラリーマンで、当時では珍しい海外生活も長く出世街道を歩いてきました。ところが結核を患い長く療養生活をしたこともあり、健康こそ宝で何事も笑い飛ばす元気が一番大切だとの堅い信念を持っていました。そのため私たち子どもの気持ちは、いつも前向きでした。読書を忘れないようにと話し、自らも本と自然が大好きで、どんなに生活がたいへんなときでも弁当を作って家族のピクニックを楽しみ、生きる喜びをみんなが味わっていました。それほど子煩悩な父でした。

父親をまったく知らない明朗さんにとって私の父は、まるで憧れの存在だったのではないでしょうか」

療養所からの俊一さんの手紙は、幼い子どもも読むことができるようにと片仮名で書き、それも色鉛筆の風景画を描き、紅葉を同封し「コノモミジノハッパヲヒロゲナガラ『モミジノハッパハキレイダナ』トウタヒマシタ」とあって、節子さんは何度も読み返しては涙を流した。そんな子煩悩の父親に明朗さんはきっと驚き、ぜひこの人に信頼される人間になろうと心に決め、自らの進路も定めたことだろう。

晩年明朗さんは、節子さんへ次のように語った。

「早稲田の大学院で、労働法の権威である野村平爾先生と沼田稲次郎先生にしごかれ、またゼミの友人たちにも恵まれて本当に良かったよ。山田の親父さんにもな。こうした出会いがなかったら、俺はダメな人間になっていただろうなあ。みんなに感謝しているよ」

長い人生を振り返った明朗さんの実感だったことだろう。

山田家の家庭についても、明朗さんの驚きや憧れは同じであった。長女の節子さんの下に三人の妹と二人の弟がいて、それは仲の良い家族だったことは、一人っ子の明朗さんにとって信じられないほど魅力的で、学校から帰ってきて明朗さんを交えた笑いとおしゃべりは、双方にとって大切な時間になっていた。

こうして明朗さんと節子さんは、やがて人生を共にして歩む気持ちをそれぞれが固めていく。

明朗さんは、節子さんの二歳下の妹百合子さんとの接点も多かった。一九六〇年に中央合唱団の研究生となって歌声運動へ飛び込み、激しいストライキ中の三池争議にまで駆けつけ、家族を心配させたこともある百合子さんが、明朗さんについて話してくれた。

「兄からの熱心な誘いで私は労働旬報社で働き、兄が本づくりに夢中だった時代を共に過ごし、七〇代になるまで同じ合唱団で一緒に歌い続けることができました。

兄に教えてもらったフランスの詩人ルイ・アラゴンの、『教えとは希望を人に語ること、学ぶとは誠を胸に刻むこと』を使い、三田高校の弁論大会で賞をもらうことができたのは、青春時代の素敵な想い出の一つです。この言葉を私は心に刻み、今も大切にしています」

明朗さんと百合子さんは、反核や平和を心こめて歌う「合唱団この灯」で、何回も同じ舞台に立ち音楽によるメッセージをいつも発信してきた。

家族をつないだ「ぞうれっしゃがやってきた」

百合子さんから節子さんは、「ぞうれっしゃがやってきた」の素晴らしさを聞き、すぐに明朗さんへ伝えた。一九八七年のことで、この歌に魅了された夫妻からやがて息子や母へ、そして孫へと歌声の輪が広がっていった。

『戦後五〇年を生きて』（金沢健康で豊かな老後を考える会、一九九五年）において、節子さんは「驚きの星、地球に生まれて」と題して、以下のように家族と合唱との関係に触れている。

「合唱曲に出会ったことは、私たち一家にとって画期的なできごとである。この生命と平和への讃歌は、なぜこんなにも人々の心を捕え、燃え広がっていくのだろうか？　この曲を聞いた人も歌った人も、力いっぱい歌う子どもたちの　輝きにまず驚くのだ。お母さんやお父さんもいっしょの温かいステージに涙し、大きな拍手を送らずにいられない。そして平和こそ幸せの基本であることを信じ、未来や人間を信じる。自分も参加して生きていきたいと思う」

舞台で歌がスタートする前に節子さんは、腹話術で可愛いキララちゃんを使って場を盛り上げた。

「みなさん、こんにちは。お星さまの国からやってきたキララです」

「お星さまの国でね、象のマカニーやエルドが戦争のとき、芸をしたのにどうして餌をもらえなかったのかなあ、悲しかったなあって話していましたよ」

節子さんが、横に抱いた大きな人形のキララちゃんを使って腹話術で話していた。愛らしいキララが、大きく口を開けて話をするので、子どもたちはビックリして見ていた。舞台に並んだ大勢の老若男女の合唱団員も、キララの話で少しリラックスし歌う準備をすることができた。

なお節子さんが、腹話術の人形にキララと名付けたのは、広島の被爆者であった名越操（なごや　みさお　一九二九〜一九八六）さんが、わずか七歳で亡くした息子の史樹（ふみき）君を綴った詩「あの星はぼく　あの星はお母ちゃん」からとっている。

節子さんから歌を紹介してもらった明朗さんは、『若者いろの涙あふれて』において、自から、ぞうれっしゃの場にとびだしてゆくのだと思うのです」と自己分析している。

家族で歌った「ぞうれっしゃがやってきた」

「ぞうれっしゃがやってきた」の五番目の曲「動物を殺せ」で、動物をわが子のように愛する園長の嘆願を振り切り、カーキ色の服を着た軍人が、動物をすぐ処分せよと目を吊り上げ大声で迫る。ブーツの足でドンと床を強く打ちつけ、高圧的に軍人が振る舞うことによって、何の罪もない動物たちを殺す理不尽さと、優しい園長の悲しみをより浮かび上がってくれる。

一九八九年の軍人役で舞台に立ったのは、柳澤明朗さんの三男の史樹（ふみき、五〇歳）さんで当時二一歳だった。その前に数回合唱していたこともあり、両親からの頼みの軍人役をりっぱに演じた。

大人の混声合唱では、女性のソプラノとアルトや、男性のテノールとバスにそれぞれ分かれて歌う。明朗さんがバスで母親の千枝さんがアルトで参加し、何回も練習してきた仲間たちといっしょに大きく口を開けた。前座で腹話術を務めた節子さんも、着替えて舞台に戻りソプラノで歌っていた。

子どもたちの元気な声もこの曲には欠かせない。「サーカスだ」の子どもたちの大声で歌は始まり、一一曲目は「わーい！」の大歓声で終わる。ある舞台では、明朗さんの孫である幼い清香（さやか）ちゃんと陽香（はるか）ちゃんが、児童合唱の仲間と一緒に元気な歌声を会場に響かせたこともある。

幼児から高齢者までが同じ舞台で歌うことが、「ぞうれっしゃがやってきた」の大きな魅力の一つで、親子で歌うのは珍しいことではない。それでも時期は異なるにせよ、柳澤家では実に四世代が歌っており、いかに家族で楽しんでいたか分かる。

「ぞうおじさん」とも呼ばれていた柳澤明朗さんは、自著において「ぞう運動の魅力は、（略）人間のもつ輝きが乱反射する磁場」と紹介した。

また『たたかいのルポルタージュ12号』（現代ルポルタージュ研究会、一九九七年）では、「〈ぞうれっしゃがやってきたの〉曲はいのちや平和の大切さを歌う。希望と夢にあふれ親子で一緒に歌える人間賛歌だ。こうした出会いや練習過程を〈人間の輝きが乱反射する磁場〉と呼んでいる。発見と創造がある」と書いた。

人間のもつ輝きが乱反射したのは、柳澤家と山田家のそれぞれも同じであった。柳澤千枝さんの口ぐせは「終わり良ければ全て良し」であり、その言葉通りに有終の美を飾った。山田俊一さんによる一二巻もの家庭日記の最後のページには、「大変に楽しかった。妻を中心に、みんな和気アイアイとし、心から楽しむことの出来ることは、全くわが家の誇りであり、嬉しい限りである」と達筆の万年筆で記していた。

おわりに

「私の残日録」

「私の残日録」と題する長文のメモに沿って明朗さんは、一九九五年に現代ルポ研の場で自らを語ってくれた。その中の一文が以下である。なお残日録とは、藤沢周平の小説『三屋清左衛門残日録』（一九八九年、文藝春秋）に依るもので、隠居して暮らす清左衛門が、若かりし頃に良かれと考えてした事を反省し、これで良かったのかと深く悩む物語である。

「私もまた、情熱と誠実で突き当れば何事も実現した。少なくともそう信じられるほどにやりたいことができた。われこそ正義を体現しているとの確信で、当たるを幸いの態で、主観的真実を真正面から記録しつづけた。走りに走った。実に身にあまる愛されかたを大勢から受けたことがそれを可能にした。そして今、清左衛門の如くに苦悶する。

かなりの人生の期間、正義も理想も一つですんでいたのだが、やがて一つの思想や事実が通用する時間や年月が、とても短くなってきていたことを感じていた。何をどう記録し

みんなで
心を寄せ
あって
ガンバロー
柳澤明朗

グループホームにて

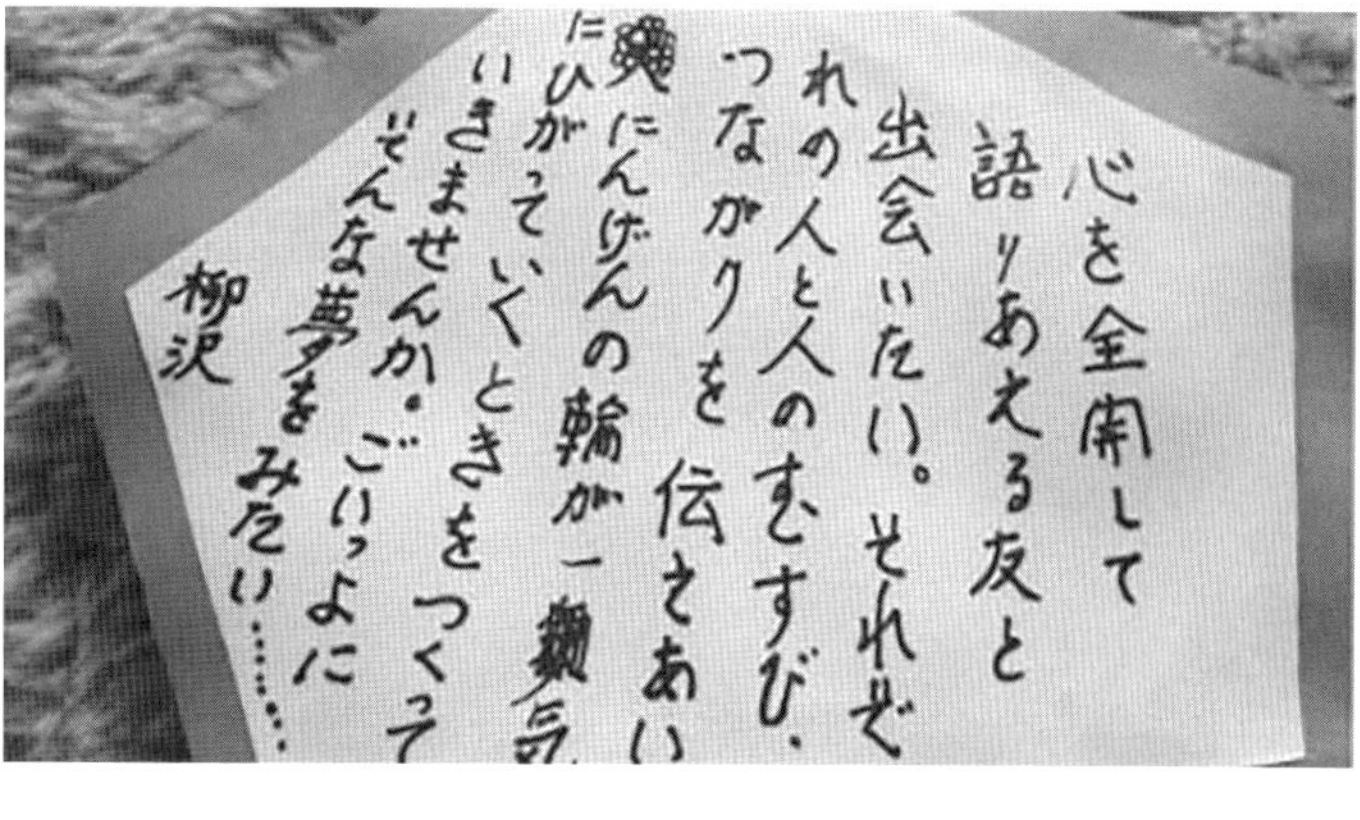
心を全開して
語りあえる友と
出会いたい。それぞ
れの人と人のむすび、
つながりを伝えあい
にんげんの輪が一気
にひがっていくときをつくって
いきませんか。ごいっよに
そんな夢をみたい……
柳沢

ていくのか。結果よりも参加して創造していく過程そのものに価値をおき、その過程に生じる人間関係や、生活そのものに価値を見出していく哲学だ」

労働旬報（現旬報）社の編集長や社長として、労働争議や教育などに関する貴重な本を多数出版し、その中には映画やテレビになったものがいくつもある。それにも関わらず明朗さんは、一九九四年に退職してわずか一年後にこうした苦悶を発露している。

その苦悶に対して納得する回答を、他界するまで明朗さんは見付けることができなかった。いや、そもそも回答などは存在せず、苦悶することにこそ人間としての価値があるのだろう。「結果よりも参加して創造していく過程そのものに価値を」と強調した明朗さんの言葉は、人生の結果よりも生き方そのものを大切にしている。

日残リテ昏（ク）昏クルルニ未ダ遠シ

三屋清左衛門の言葉は、中国の書にある「日残リテ昏ルルニ未ダ遠シ」からで、人生が終わるにはまだ日があるから、もう少し自分なりの役割りを果たしたいとの願いを込めている。老後を心配してくれる息子の嫁に、清左衛門は言葉の意味を、「残る日を数えようというわけではない～いろいろとやることが出てきた、けっこうわしもいそがしくなりそうだ」と話した。

そして最後の場面である。中風で歩行の出来なかった元同僚が、苦労して歩く習練姿を見た清左衛門は強く感じた。「衰えて死が訪れるその時は、おのれをそれまで生かしめたすべてのものに感謝をささげて生を終えればよい。しかしいよいよ死ぬるそのときまでは、人間は与えられた命をいとおしみ、力を尽くしていきぬかねばならぬ、そのことを平八に教えてもらった」

藤沢周平が高齢の生き方として、清左衛門を通して一番伝えたかったメッセージであった。この生きざまは、武士の時代だけでなく今日にも十分通じる。明朗さんもこの言葉に強く共感し、自らの人生に重ねたことだろう。もうすぐ七〇歳となる私にとっても、この言葉はズッシリと響く。

最後に過ごしたグループホームで明朗さんは、認知症に負けずよく語りそして書いた。その一つの色紙である。

「心を全開にして語りあえる友と出会いたい。それぞれの人と人のむすびつき、つながりを伝えあい、にんげんの輪が一気にひ（ろ）がっていくときをつくっていきませんか。ごいっしょに。そんな夢をみたい…」

一字「ろ」は抜けているが、文面は実にしっかりしている。なお「ごいっしょに」とは、旧ちばコープにおけるキーワードの一つで、人間らしい助け合いの合言葉でもあった。

そして最後の筆となった。

「さあ！　みんなで楽しい老後をつくろうよ！」

たとえ病が進んでも、どこまでもユーモアをもち前向きで熱い明朗さんであった。人間としての明朗さんへより迫ることによって、これまで以上に親近感をもつことができた。苦悶しつつも明るく最期まで生き抜いた柳澤明朗さんと、私はこれからも同行二人していきたい。

（現代ルポルタージュ研究会会員）

第二部　生協で生きてルポを書き続けたこと

［第二部　出所］『生協の道　現場からのメッセージ』
（西村一郎著、二〇二〇年一一月二〇日、四六判、同時代社）
※役職や年齢、生協名は著者が取材した当時のものである。

はじめに

これまで生協が歩んできた道は、けっして平坦で真っすぐではなく、時期や地域などによって多様であった。県内の世帯組織率が七五％にも発展した「みやぎ生協」もあれば、練馬生協や釧路生協など残念ながら維持できなくなり解散した生協もいくつかある。

人生には「三つの坂」があるとよく譬える。上り坂もあれば下り坂もあるし、ときには落とし穴のような「まさか」もある。生協に引き寄せば、コツコツと地道に多くは坂を上っているが、じわじわと下り坂となっている生協も中にあれば、時には大地震やコロナ禍などのような「まさか」に出会い、経営を大きく変更することもある。さらには同じ坂道でも、どれほどの速度で歩くのかも時と場合によって異なる。

別の表現をすれば生協に絶対正しい一つの道があるわけでなく、多様に変化する生協内外の環境の中でいくつもの異なる道がある。

世界や日本や地域社会が、コロナや異常気象などもあってこれからも大きく変化する。実態経済と大きく乖離した金融資産の動向もある。そうした多彩な影響を受け、生協の歩む道は協同組合の理念をふまえつつも必要に応じて変化させ存続していくことだろう。

このため何より大切なのは原点回帰と動向把握であり、働く全員の知恵と力による協同だと私は考える。経営が破綻した生協に共通するのは力不足のトップによる放漫経営であり、あわせてそれを許した理事会や職員集団にも責任の一部はあるだろう。このため生協を維持し発展させるためには、トップだけでなく働く全員が原点回帰と動向把握を忘れないことである。

ところで原点回帰と動向把握は、民主性と迅速性や安心・安全性と合理・経済性のように、ときには対立することもある。そうした矛盾の中においても、組合員のため生協は事業を継続していくことが求められており、抽象的な理論よりも多彩な実践に学ぶと、想定外の多い混沌とした状況が続く今日ではより効果的だろう。

また生協の独自性としては、行政や大企業などに依拠する要求追求型ではなく、仲間との協同で対応する要求実現型の活動スタイルがあり、個人の主体性が何より求められている。

そのため全国各地の生協でがんばる職員や組合員理事さんたち、さらには委託会社で働く人や、生協産直などに関わる生産者などにも読んでいただき、全体の多様な動きの中で自らの役割を考え実践するヒントになれば嬉しい。

一　生協とはなにもの

生協の事実

一口に生協といっても、日本生協連の発表によれば二〇一九年度の会員は、購買生協五六一でその内地域・居住地職域生協一一七があり、他には医療福祉生協一〇七、その他（共済・住宅等）一四、事業連合一二となっている。

その全てを対象にしてルポすることは無理で、供給高でみると生協全体三兆六五三億円の内で九一％を占める二兆七八二九億円の地域生協一二〇が主となった。

これまで書いてきたルポは、その生協のある時点における一つの場面を紹介しただけであり、全体像にはほど遠い。さらに教訓を普遍化するなどはできず、あくまで各地の取り組みの事例が中心である。

もちろん先人たちの築いてきた協同組合論や生協論も貴重で、これからも生協の在り方に貢献することだろう。しかし、国際金融資本が資本の論理で富を集中させて格差社会をより広げ、パンデミックを起こした新型コロナウィルスは、日本を含めた社会の在り方を根底から揺さぶっている。

こうした中では、過去に成功した理論やビジネスモデルが、これからは通用しなくなる可能性が大きい。ときには矛盾の中でも、生協として生き延びなくてはならない局面に立たされることがあるかもしれない。

そうしたときのためにも多様な各地の実践を知っておくことは、今後の生協の在り方や各自の働き甲斐を考えるためにもヒントになるだろう。

協同は人類の英知

二〇一六年（平成二八年）に国際連合教育科学文化機関（ユネスコ）は、〈共通の利益の実現のために協同組合を組織するという思想と実践〉として、協同組合を無形文化遺産にしました。理由は、〈共通の利益と価値を通じてコミュニティづくりを行うことができる組織であり、雇用の創出や高齢者支援から都市の活性化や再生可能エネルギープロジェクトまで、さまざまな社会的な問題への創意工夫あふれる解決策を編み出している〉からである。

ところで協同組合の歴史は古く、一八世紀後半からイギリスの産業革命による社会問題を背景にして、協同組合の父と呼ばれたロバート・オウエン（一七七一〜一八五八）は、協同社会を考え実践し一八四四年設立のロッチデール公正先駆者組合へとつながる。

日本では貧しい農村の活性化のため、一八三八年に大原幽学（一七九七～一八五八）が千葉県でつくった先祖株組合や、一八四三年に二宮尊徳（一七八七～一八五六）が神奈川県で設立した小田原仕法組合がある。

こうした互助の協同による組織は、鎌倉時代にはすでに無尽講や頼母子講もあれば、沖縄県や奄美群島での模合（もあい、むえー）も古くからある。さらにさかのぼれば、自然界のあらゆるものに霊や命が宿るとする精霊信仰のアミニズムは、争いでなく互いの存在を認め助けあうことを大切にしてきました。厳しい環境の中で食糧確保や身を守るため集落では、一族が協同して暮らしていたことでしょう。今日の日本人に大きな影響を与えた神道・仏教・儒教・道教は、教えが異なっても互いの助け合いを大切にしていることは共通している。

そもそも動物には、協同につながる本能的な相互扶助があるとの説は、イギリスの自然科学者ダーウィン（一八〇九～一八八二）やロシアの政治思想家クロポトキン（一八四二～一九二一）が、蟹や蟻などの観察からも論じている。

ところで協同組合などの互助のスローガンに、〈一人は皆のために、皆は一人のために〉があります。皆を万人とした訳もあるが、元は古代ゲルマン民族の諺で、見ず知らずの多数者への呼び掛けでなく、家族や一族などで助け合う生活の知恵だった。顔の分かる小集団の中で互いの助け合いを確認するために使い、主語を入れて〈私は仲間のために、仲間は私のために〉とした方が真意に近いようだ。

歴史書は権力者による政敵を倒す闘いの連続ですが、社会を支える大多数の庶民が平和に安心して暮らすには協同が大切だった。このため互いに助け合って物事を進める協同は、庶民が生きていくための人類の英知で、これからも多種多様な協同が各地で展開していくはずだ。

なお協同の形には、団体と団体もあれば個人と個人もあり、さらに協同する数が増えて多様なものもたくさんある。類似した漢字の共同は力を合わせることだけに対し、協同は力を合わせて何かを成し遂げることを意味し、働くことをより強調する協働もほぼ同じといえる。

協同の力で地域おこし

恩納村（沖縄県）で取材したモズク利用からサンゴ再生への意義をさらに発展させると、漁業や自然を守るだけでなく大切な地域おこしとなる。戦後の日本における行き過ぎた経済優先により、たくさんの大切な自然やコミュニティが壊されてきた。そのため経済格差だけでなく、暮らしや文化などでいくつもの問題が発生し、改善するため住民を主体にした地域おこしが重要で全国各地の課題となっている。このため恩納村での取り組みは、きっとヒントになるだろう。

日本ではあまり知られていないが、世界では農民主体による農業の活性化のためアグロエコロジーがよく使われている。アグロは農業でエコロジーは生態学だから、直訳すれば農業生態学である。イメージとしては環境に優しい農業だが、取り組んでいる内容はそれだけに留まらずに、教育や伝統文化などについて住民が主体となり、人々も元気になる地域おこしをしている。ここでも協同を何よりも大切にしている。

恩納村を訪ねた生協の人たちが、協同の原点に触れ元気になって喜んでいることは、何人もの感想文からもうかがうことができ、それぞれの地域に戻り協同の輪をさらに広げていることだ。こうしたお互い様の関係性が地域や暮らしには何よりも大切であり、恩納村での学びが各地の地域おこしの手助けにもなる。

生協のこだわる産直は、物の取り引きや産地の環境を守るだけでなく、互いの地域おこしにも貢献することで、同時に人が元気になることだと私は考える。安心・安全の生協から地域づくりの生協へ飛躍するためにも、恩納村モデルをより多くの方に知ってもらい、さらなる協同の輪が広がってほしい。

協同組合の原点

国際協同組合同盟（ＩＣＡ）は協同組合の定義を、〈共同所有され民主的に管理されている企業を通じて、共通の経済的、社会的、文化的ニーズと願望を満たすために自発的に団結した人々の自律的な団体〉としている。

恩納村漁協と生協は、生産したモズクを商品として流通させて消費し、同時にサンゴの再生による里海づくりにつなげ、モズク利用の地域や料理を広げ食文化と海を豊かにすることで、〈共通の経済的・社会的・文化的ニーズと願い〉を満たし、協同組合の原点をふまえているといえる。

協同組合原則では、第六の協同組合間協同や第七のコミュニティーへの関与にもあてはまる。

また二〇〇九年（平成二一年）の国連総会で、二〇一二年（平成二四年）を国際協同組合年（ＩＹＣ）と定め、貧困、金融・経済危機、食糧危機、気候変動など現代社会の問題解決に向け、協同組合による大きな役割発揮を期待した。ＳＤＧｓの考えに恩納村のモズクとサンゴ再生の取り組みが沿っていることからも、世界の課題に即した協同組合らしい活動だ。

なお国連は、二〇二二年（令和四年）を「零細漁業と養殖の国際年」としている。二つの協同組合が協同している恩納村の取り組みが、ここでも輝くことと思う。

生協の原点

生協法第一条の目的には、〈国民の自発的な生活協同組織の発達を図り、もって国民生活の安定と生活文化の向上を期する〉とあります。現在の組合員だけでなく将来の組合員も含めた国民が対象で、安心安全な食品による生活の安定と、個人や家族の暮らしを豊かにする生活文化の向上が、これからの生協にますます求められている。

現代マーケティングの父と呼ばれるアメリカの経営学者コトラーは、①ベストな商品を売る製品中心のマーケティング1・0、②マーケットに適した消費者志向のマーケティング2・0、③顧客のニーズや欲求に応えつつ社会や環境に配慮する人間中心のマーケティング3・0、④デジタル戦略の高度な技術で個別の自己実現のマーケティング4・0へ発展するとしている。

この説を日本の生協に当てはめると、組合員のニーズに応えた安心・安全なコープ商品はマーケティング2・0で、SDGsにも沿った恩納村のモズク商品はマーケティング3・0になる。

ところで商業でも長い歴史のある日本には、いくつも経営哲学が昔からあり、その一つが中世から活躍した近江商人による、売り手よし・買い手よし・世間よしの〈三方よし〉だ。これに作り手よしと働き手よしを加えた〈五方よし〉が、生協にとっても大切だと私は考える。地域社会と共に歩む生協として、〈五方よし〉のバランスがより求められるのではないか。

すでに恩納村では、村の生産品をブランドとして保証するだけでなく、産品の地域性を消費者へ伝える仕組みであるローカル認証も具体的に動き始めている。「五方よし」の一つの貴重なモデルでもあり、協同の力でさらに発展すると思う。

これからもご一緒に

定年直後の二〇一〇年五月に始めて一〇年目となり、終わりとなる。各地で読んでいただき、ときには思いがけない感想や、コピーして職場の仲間に渡したなどの声を聞くこともあり、毎回の執筆を楽しく続けることができた。

このルポを始める時、以下を目的とした。

「我が国の生協は、『生協は一つ』でなく『生協は一つひとつ』とも称されるほど多様な発展をしつつある。社会の環境がより変化していくなかで、生協もさらに活発化していくことだろう。このような激変するときに大切なのは、原点回帰と動向把握である。

そこで各地における生協の最新の動きから、そのもつ意味について率直な問題提起をさせてもらう。生協を考えるヒントに少しでもなればと念じている」

この目的にどれだけ沿ったか分からないが、一番勉強になったのは私自身だろう。そのお礼も兼ね、本書を私からの伝言とさせていただく。

私が生協で働き書き込んできたこと

一九四九年高知生まれの私は、二〇歳から六〇歳の四〇年間生協で働いた。帝国陸軍の下士官として中国で戦った父は、敗戦直後に自ら左目をつぶし、傷痍軍人になり帰国し農業を営みつつ私たち家族を育ててくれた。農業を共に働いていた三〇代の母は、ビニールハウス内の強い農薬と過労で病になり、私が小学三年のとき他界した。平和や農と食にこだわる私の原点がここにある。

一九七〇年に二〇歳で上京し、東大生協で昼働き夕方から夜学へ通った。職場となった高温多湿の食堂で全身の皮膚炎に悩み労働環境の悪さに怒り、抜本的な解決策を探したが国内にはなく、アメリカの大学のカフェテリアを手本とした。そのため大学生協連食堂部長の頃に、全国の専務や店長を誘ったアメリカ視察を何回も実施し、ハードとソフトの両面で古い食堂経営の改革をすすめた。高額な経費を使ったので失敗すれば責任を取るつもりでいたが、目的をほぼ達成し辞めずにすんだ。皆で見る夢は実現することを実感し、仲間と共に働く意義を学んだ。

生協で働くある友人が、一九八〇年に電車へ飛び込み自殺したことは、私の一大転機となった。その一週間前に、楽しく二人でお酒を飲んだ。その時すでに遺書を書いていたことは後で知ったが、酒の場で友の苦悩を私はまったく気付かなかった。仕事一途の偏った生き方を深く反省し、社会や暮らしや生協について広く学ぶことにした。頼ったのが哲学者の芝田進午さん（一九三〇〜二〇〇一）で、公開ゼミを都内で開催していて長く参加した。各自の頭で批判的に考えることを常に求める芝田さんから私は、それまでの生協の枠を超えた視線をもち、自主研究や論文や出版の方法と楽しさを学んだ。

一九九二年から生協総研に移り、地域生協や医療生協やワーカーズコープだけでなく、ＪＡなど他の協同組合やＮＰＯとの接点もでき、より多面的な見方をするようになった。

二〇一〇年に定年となった後は自由に動き、東日本大震災の復興支援本七冊や、辺野古だけでなく韓国・フィリピン・スリランカ・ネパールへも足を運び、現地の市民グループなどと交流している。

社会や生協の捉え方

私は長くデカルト（一五九六～一六五〇）の二元論に代表される西洋文明の考え方を信じてきた。あらゆる物事を善か悪に判別し、資本主義は悪であり社会主義が善であるといった単純な思い込みである。対立軸を明確にして相手を攻撃すれば、それが勇ましいと錯覚していた。しかし、社会の構造はそんなに簡単でないことを、芝田ゼミや実践からも学んだ。

経済学者カール・ポランニー（一八八六～一九六四）は、経済に秩序を与え社会を統合するパターンとして、義務としての贈与関係や相互扶助関係の互酬・税など政府に対する義務的支払いと政府からの払い戻しの再配分・市場における財の移動の交換による三つをあげ、このバランスで社会は変遷しているとした。

哲学者の内山節は、資本主義に基づく市場経済・非営利で資本主義ではないが市場にも依拠する協同組合などの半市場経済・行政など非市場経済の三つが組み合って、経済を動かしていると論じている。

どちらも多様な組み合わせで社会は動いているとの説で、一つの絶対的権力だけで大きな全体を管理するのは効果的でなく無理としている。

ところで人間を動かしている脳は、第一は頭脳、第二は腸、第三は皮膚といわれている。

要は人体を構成している三七兆個もの細胞が、各々自立した存在で個別の役割りを発揮しつつ、超巨大なネットワークを作って人間の命や活動を維持している。

社会や生協においても、中央集権したトップだけで動かすのではなく、構成要素による多様な協同で支えることがより合理的だろう。

コロナとの共存

日本だけでなく世界は、新型コロナウイルスのパンデミックで一変した。執筆中の六月中旬でも、世界中で感染者と死者は増え続け、生協にとっても多大な影響をいつまで受けるのか誰にも分からず、今後も警戒は必要である。しかし、意図的に少なくしているPCR検査の感染者数による判断や、恐怖心だけをあおった東京アラートなど、いつまでも政治やマスコミに翻ろうされているわけにいかない。

感染症でいえばインフルエンザや結核や肺炎は、毎年多数の死者を日本で出しているし、さらには異常気象にもつながる地球温暖化や、核被害を起こす危険性のある原発や核兵器も世界中にあり、人類存続の課題は多い。

そこでコロナだけを絶対化して恐怖に怯えるのでなく、相対化して生協も個人もコロナと共存することが大切で、政治や経済の役割りはもちろんあるが完全でなく、最後は個人の免疫力の向上だ。

一人ひとりの内部には、健全な人体を守り維持する仕組みが存在し、それをコントロールしているのは神経で、心身を活発化させる交換神経とリラックスする副交感神経がバランスを保ち、自己免疫力をより高める。具体的に私が心がけているのは、①一日二食で腹七分目の小食、②玄米と野菜が中心の食事、③一口三〇回の咀嚼、④毎朝二〇分の体操、⑤入浴時の全身マッサージ、⑥雷磁波の防御、⑦他人や地域社会に少しでも貢献し喜んでもらうなどである。

生協のこれから

協同組合思想や生協の基本理念を基礎に、安価の追求もあれば品質重視など多様な価値観の生協があっていいだろう。

生協法第一条の目的には、国民生活の安定と生活文化の向上と書いてある。将来の組合員を含めた国民が対象で、安心安全な食品を供給する生活の安定と同時に、個人や家族の暮らしを豊かにする生活文化の向上が、これからの生協にますます求められている。

明治時代の初期に訳した教育の語源は、ラテン語で内部から引き出す意味であり、障がい者や高齢者を含め、組合員や職員の一人ひとりが内部に秘めている発達の必然性を発揮させることで、それに応える生協を期待したい。

二　次の時代への手がかり

子どもや孫に同じ職場で働かせたいか？

私がある講演会で参加者に対し、冒頭、「今のあなたの職場へ、子どもや孫をぜひ就職させたいですか？」と質問したところ、誰一人として挙手がなかった。今の仕事で何か不満があり、子どもや孫にさせたくないと全員が考えている。

以前にある自動車の企業で同じ質問をすると、子どもや孫を同じ職場で働かせたい割合は、わずかに三％であった。この低さには、職員や労組以上に経営陣が驚いた。

働くことに関する問題意識は

生協総研に在職中、生協で働くことの意味を問い続けた私は、以下の問題意識を持ってきた。

第一は、協同組合にも残念ながら思考停止が広がり、たとえ規模は小さくても大企業病を患っていると言っても差し支えないだろう。規模は手段の過程であり目的でないはずだが、常に成長を目指すことなどにも思考停止の症状を伺うことができる。

第二に、働くことの社会的な役割りをいつも明らかにして実践することで、それがなくなれば協同組合といえども地域社会に不要な存在となり、やがて内部崩壊する危険性がある。

第三に、仕事の変革の主体はどこにあるかで、ややもすると理事会に求めるが、あくまでも働く一人ひとりの内部に求めるべきであろう。

第四に、協同組合は変革可能な組織であり、もし納得できない労働環境であれば、仲間と一緒になって内部から変える努力をすることである。

協同組合の多くはすでに長い歴史があり、仕事に関するマニュアルなどがかなり整備されている。このため受身的になり、上司から与えられた仕事をただひたすらこなす人も少なくないが、協同組合労働の本来の姿ではないだろう。

働くとは

働くことの類似語には、勤め、仕事、労働、作業、服務などがあり、微妙な意味の違いがある。同じことは英語の work と labor でもあり、work は作品などの意味もあるように楽しみつつ働くことも含むが、labor は給与のため苦しくても頑張る労働をさす。人々は多くの時間を働くために費やすわけだから、labor よりも work として捉えた方が、貴重な人生を楽しく過ごすためにも効果的である。

狭義では職場で働くことを指すが、それ以外に家庭内の家事もあれば、町内会活動のような地域社会で働くこともある。このため働く目的は、お金だけでなく、自己実現や家族、知人、隣人、弱者、社会正義のためといった、複数の基軸に立つ多様な価値に置くことができる。

その結果として働いた後で、物心の満足を得て自らの存在感を高め幸福になる。

こうした国民の幸福にも密接して大切な働きについて、日本国憲法においても関連した定めがある。第一二条では、「この憲法が国民に保障する自由及び権利は、国民の不断の努力によって、これを保持しなければならない」とし、受け身ではなく不断の努力を呼びかけている。第一三条では、「すべて国民は、個人として尊重される。生命、自由及び幸福追求に対する国民の権利については、公共の福祉に反しない限り、立法その他の国政の上で、最大の尊重を必要とする」とし、第二七条では、「すべて国民は、勤労の権利を有し、義務を負ふ」とあり、健常者はもとより、高齢者や障害者など全ての人々の幸福追求する権利としている。男女の賃金格差や非正規の拡大などの現状は、こうした憲法の理念からすれば大きな問題がある。

協同組合における働きがい

職員満足度（ES Employee Satisfaction）は、以下によって構成されている。第一に仕事の満足で、やりがい、自己の成長感、自分らしさなどがある。第二に職場の満足で、課題に対する職場の前向きな姿勢もあれば、安心感や一体感も影響する。第三に上司の満足で、判断や業務指示への信頼もあれば、コミュニケーションも大きな要素となる。第四に協同組合の満足で、トップへの信頼や人事・労働環境の満足がある。

こうした働きがいで、協同組合における三要素として私は以下を強調した。

①主体的に働くことで、自らの意思で考え働くことで喜びにつながる。

②協同組合としての組織、職場、仕事である。民主的に管理する事業体としての協同組合であり、共通の経済的・社会的・文化的ニーズと願いを満たすための事業を展開し、自発的に手を結んだ人々の自治的な組織でもある。

③組合員からの感謝や励ましが、働きがいを限りなく高める。暮らしを豊かにする商品やサービスの開発と提供で、組合員は喜んでくれるし、組合員とのコミュニケーションが仕事の質をさらに高める。

特に③によって、協同組合において働いていて良かったと実感できるので、こうした場面を一つでも多く持つことが重要である。

職員の働き方をより高める

第一に持続性を守り、組織を将来とも維持発展させることで、そのためには仕事の楽しさや満足感が大切となる。

第二には協同組合へのコミットメント（関与）で、組織のビジョンや希望などを明確にしてアイデンティティ（自己同一性）を高めることである。

第三に自己育成で、自らの成長を促す教育、技術、知識、自信などの高揚である。

第四に、コミュニケーションを高め、同僚、上司、組合員、ステークホルダー（利害関係者）などとの信頼関係を確立することである。

第五には、精神的ストレスの軽減で、誰もが働きやすい職場を作るため、セクハラやパワハラなどをなくし、残業時間の縮小や休暇を取りやすい環境にすることも大切である。

協同を大切にする働き

大辞林では協同を、複数の個人や団体が心や力をあわせて同じ目的、共通の利益を守るために事にあたることとし、同音語の共同は、たがいに同じ立場・資格に立って力を合わせることと解説している。この協同の三要素は、①共通する志を明らかにして何のために、②仲間などの誰と、③対等平等にどう力を合わせるかがある。

こうした協同を事業化した協同組合において、理念を説明する言葉が「一人は万人のために、万人は一人のために」である。

広く世のために尽くすことを呼びかけているが、元々は古代ゲルマン民族の諺で、顔のわかる小集団間の互助における掛け声として使っていた。職場や地域で顔と名前が一致する小さなグループでの助け合いであり、働き方でつながっているような関係においてである。よってこの諺の真意は、主語の私を明確にして、「私は仲間のために、仲間は私のために」とすべきで、そうした働き方がますます大切になる。

今回は大切な政治のレベルの話が中心となった。日本の農と食を考えると、政治の他にも生協と生産団体で実践できることや、さらには個人や家族での課題がいくつもあり引き続き考えたい。

「種子が消えれば食べ物も消える。そして君も」は、スコウマンの名言である。日本国憲法第一二条では、「国民に保障する自由及び権利は、国民の不断の努力によって、これを保持しなければならない」とある。私は司会をしつつ、志のある人との連携をより進めることによって、困難は多いが日本の農と食を国民が変える可能性はまだいくつもあると強く感じた。

三　種子法廃止とこれからの日本の農業を考える

生協の目的

生協やコープと呼ぶときもあれば、さらにはCO・OPと書くこともある。どれも消費生活協同組合法の理念に沿ったものではあるが、こだわりや事業などは多種多様で、それらをどのように捉えて発展させていくかについては、いろいろ貴重な議論が各方面で展開されているし今後も続くことだろう。

その二〇一九年度の現状は、日本生協連の発表によれば以下である。

組合員数　二九六二万九〇〇〇人　うち地域生協二二六四万七〇〇〇人

生協の小売シェア　　　　　二・七〇%

地域生協の世帯加入率　三八・五%

もちろん生協の目的は、生協法第一条にある国民の生活の安定と生活文化の向上にあり、けっして事業規模の拡大ではないが、組合員や地域社会からの信頼の指標としてこうした数値は意味がある。

そうした数値には地域差が当然のことながらあり、たとえば地域生協の世帯加入率を県別でみると、一番高いのは宮城県ですでに七五％をこえ、さらに北海道、福井県、兵庫県では五〇％以上となっている。また市町村別でみると、ここではもっと大きな差がある。

生協の事業が発展するため、その地域における人口の動向や小売業の発展などの客観的条件と同時に、組合員や経営の力量などの主体的条件によって、多様な発展をしてきたし今後も続くことだろう。

そのとき与えられた仕事の範囲内だけでなく、生協全体の動きを理解したうえで自らの役割を考えることは、働き甲斐にもつながり大切である。

各自が生協について考えるときの、一つの参考にしてほしい。

種子法廃止とこれからの日本の農業を考える

九月一日に都内で、私の所属する日本科学者会議食糧問題研究会が主催し、元農林水産大臣の山田正彦さんを講師に、「種子法廃止とこれからの日本の農業」をテーマに研究例会を開催した。後援はパルシステム生協連合会、生協パルシステム東京、東京ワーカーズ・コレクティブ協同組合、日本協同組合学会、東都生協、日本労働者協同組合連合会で、各地から七一名もの参加があり、一時半から四時半まで熱気あふれた場となった。

二〇一八年四月に主要農作物種子法（種子法）が廃止となり、ＴＰＰの動きなどで私たちの食に直結する日本の農業が、これまでになく企業の儲けの対象となって大きな岐路に立たされている。

一九五二年制定の種子法は、餓死者もでる食糧難を経験した日本が、米・大麦・はだか麦・小麦・大豆の主要作物について、安定して供給する責任が国にあると定め、優良な種子の生産と普及を明記している。地域に適した良質な種子が公共財として生産者へ届くように、各地の農業試験場などで必要な経費は国が担ってきた。

そうした日本の農業を支える骨格が崩された今、現状の問題を共有し今後の課題を共に考えた。

種子法廃止の背景と影響

山田さんは、二〇一五年に「ＴＰＰ交渉差止・違憲訴訟の会」を設立して共同代表につき、二〇一七年には「日本の種子を守る会」をつくり顧問となり、弁護士の専門性も発揮し一時間半の熱弁を以下のように展開した。

日本は署名したＴＰＰ協定に沿って国内法の整備に取りかかり、種子法廃止の他にも農業競争力強化支援法や水道法改定で民営化などをすすめている。ＴＰＰ協定並行会議に関する日米交換文書では、「日本政府は投資家の要望を聞いて、各省庁に検討させ必要なものは規制改革会議に付託し、同規制改革会議の提言に従う」とある。

種子法があることで、これまで米、麦、大豆の伝統的な日本の在来種を国が管理し、各都道府県に原種・原原種の維持、優良品種の選定、奨励、審査を制度として義務付けてきた。米の種子は、各地の農業試験場で雑種の混入や不良な種を除き、苗場農家を選抜して増殖させ、厳格に監査した優良な品種を公共品種とし、コシヒカリなどの品種を一キログラム五〇〇円と安く提供できた。地域にあった米だけでも三〇〇品種を提供してきたが、農業強化支援法では銘柄を集約し企業の為に数種へ絞ることになる。

主要穀物の種子が企業に開放されると以下が懸念される。

①優良品種の種子を四～八倍の価格で購入しなければならなくなる。三井化学「みつひかり」、住友化学「つくばＳＤ」、日本モンサント「とねのめぐみ」は、公共品種の四～一〇倍の価格である

②みつひかり等は一世代限りのＦ１なので、毎年種子を購入しなければならない

③農家は企業と契約し、肥料や農薬の全購入が義務となり、収穫した米を他に出荷できない

④国産一〇〇％だった野菜の種子は今では九〇％が海外生産であり、主要穀物の種子は現在すべて国産だが、それが危うくなり食糧安全保障の危機につながる

二〇一四年の世界商品種子市場は、モンサントを筆頭に上位七社で七八％をしめている。農業競争力強化支援法八条四項により、これまで日本が蓄積してきた米等の原種、原原種、優良品種の知見を、すべて企業へ提供することになっている。すでにメキシコの農家はトウモロコシ、フィリピンの農家は米のロイヤリティ（特許権料）をモンサントなどに払い、日本政府は譲渡先をモンサント等外資も除外しないと答弁しており、いずれ米農家も日本の原種なのに外資へ著作権使用料を支払うかもわからない。

モンサントは既に日本のコシヒカリでの除草剤耐性のある、農薬のラウンドアップ（グリホサート）の遺伝子組換え作物（GMO）を一九九九年に開発し、実験圃場で試験栽培を始めている。他にも二〇〇一年に愛知農業試験場と共同研究を始め、愛知式不耕起乾田直播「祭り晴」での除草剤GMO栽培に成功し、水に弱いグリホサートの難点を克服した。飼料用米としてGMOによる多収の種子も用意するなど、日本はGMO承認大国になっている。

生協にも影響する農の変化

GMOによって酸味を甘味に変えたトマトを筑波大学と理化学研究所が開発し、鮭や小麦などのGMO食品が輸入されても、その表示もできなくなる可能性が高い。

日本の現行法制度では、ＧＭＯ食品の輸入は原則禁止で、同時に五％以上の混入は表示義務があり、例外として食用油と醤油がある。ところがＴＰＰ協定第二章では、一九条に「現代のバイオテクノロジーによる農産物、魚、加工品」とあり、二七条八項では「ＧＭＯ農産物の新規承認を促進する」とある。ＴＰＰ協定でのＧＭＯ食品の表示については、中央政府による強制規格に該当し、第八章七条「強制規格はモンサントなど利害関係者の意見を聴取し、それを考慮」しなければならず、日本独自の表示を決められなくなる。日米ＴＰＰ並行協議による交換文書では、強制規格等について作業部会が設置され、新しいノンＧＭＯの表示はゼロでないと表示できなくなりそうである。

ＴＰＰ協定第八章六条で、日本で牛肉や豚肉に国産表示をすれば、外資食肉企業から日本政府はＩＳＤ条項を武器に損害賠償が求め訴えられ、野菜や果物なども産地表示ができなくなる危険性がある。包装された食品に関する付属書では、「商業的な利益をもとに正当な目的を達成するために必要なもの」に限定し、新潟産コシヒカリや「化学肥料を使っていない」などの表示はできなくなる可能性が高い。

米韓ＦＴＡでは、韓国内の産地業者と米国業者を学校給食で差別できなくなり、地産地消の学校給食の条例も制定できなくなっている。

種苗法の運用で農水省は、省令で自家採種の品目を、キャベツ、なす、トマト、西瓜、メロン、キュウリ、大根、人参などのメジャーな野菜にまで広げようとし、これまでの自由な自家採種ができなくなる怖れがある。さらに種苗法に違反すると、懲役一〇年で一千万円以下の罰金となり共謀罪の対象にもなっている。

ところで小農民と農民の種子の権利は、日本も批准した食料農業植物遺伝資源条約で守られているし、アメリカでは小麦の種子の三分の二が自家採種で、種子を購入する場合は、カンザス州立大学やテキサス農業試験場にて、生産認証された公共品種を求め栽培している。カナダでは八〇％が自家採種で残り二〇％は公共種子で、オーストラリアの小麦は認証品種が五％で九五％を自家採種で栽培している。このため日本も、欧米並みに公共品種を守る新たな法律が必要であり、すでに二〇一八年になって埼玉、新潟、兵庫で種子条例が制定され、山形や北海道でも近く提案する動きになっている。

日本は国として、①食糧自給率の達成、②食の安全を守る、③国境や国土の環境保全を達成などしなければならない。その為の政策が必要で、たとえばヨーロッパ各国が農家収入の六割～九割を国の助成金で賄っており、日本も戸別所得補償の導入が課題である。弱肉強食の市場競争ではなく、たとえばスイスでは卵一個八〇円とか、カナダでは牛乳一リットル三〇〇円で売られており、日本も農協など生産団体と生協の制度的な連携による流通制度の見直しが必要である。

休憩後にまずは後援してくれた六団体の代表から、それぞれ関連した学習会などの取り組みの紹介を受け、さらには生活クラブ生協連合会と「たねと食とひと@フォーラム」からも発言があり、四時半まで活発な意見交換をさせてもらった。

今回は大切な政治のレベルの話が中心となった。日本の農と食を考えると、政治の他にも生協と生産団体で実践できることや、さらには個人や家族での課題がいくつもあり引き続き考えたい。

「種子が消えれば食べ物も消える。そして君も」は、スコウマンの名言である。日本国憲法第一二条では、「国民に保障する自由及び権利は、国民の不断の努力によって、これを保持しなければならない」とある。私は司会をしつつ、志のある人との連携をより進めることによって、困難は多いが日本の農と食を国民が変える可能性はまだいくつもあると強く感じた。

四　生協産直を考える

「生協産直の未来構想〜生協産直の現実を直視し、新たなステージに向けた挑戦課題を考える〜」のテーマで、二月二二、二三日に日本生協連は、第三五回全国産直研究交流会を都内で開催した。産直事業に関わる全国の生協の役職員・組合員・生産者団体・関係企業など三二七人が参加し、活発な議論があった。

五年ぶりとなる二〇一八年実施の第一〇回全国生協産直調査の分析をふまえ、産直事業委員会で議論した「生協産直への提言」をはじめ、各委員の問題意識や紀ノ川農業協同組合とコープかごしまの貴重な実践報告もあった。

二日目は、①持続可能な農業と地域づくりにチャレンジする、②改めて産直の交流の可能性を考える、③地域・産直産地との新たな連携をつくる、④産直産地・地域の力を引き出す商品開発、⑤生協はアニマルウェルフェアにどう取り組むのかの五つの分科会において、実践報告がいくつもあり論議を深めた。

私は久しぶりの参加で、全国の生協における産直の現状や課題などについて、いくつも学ぶことのできた有意義な場であった。組合員の求める生協産直へさらなる発展するためにも、私なりに気になった考えを触れさせてもらい、各地での活発な議論につながってほしい。

生協のとらえ方

生協産直を考えるときに、生協をどう認識すればよいのかまず問うべきだろう。産直調査の対象が、日本生協連会員の事業高六〇位までと、または各都道府県で供給一位の計六二生協を対象とし、回収は五八であり、事業連合を含めて大規模の組織中心のデータとなっている。このため参加者に、小規模生協はいなかった。たしかに全国一三二ある地域生協の供給高の構成比からすれば、今回の調査データで大半をカバーし、全体の傾向をみるには有効だろう。

しかし、中小の生協は事業規模が小さくても、大規模生協とはまた異なった理念で、それぞれの役割りを発揮しているから存在している。

生協を小売業の一つと把握し、商品の介在を中心にして在り方を考えるには、供給高の大半を占める大規模生協の動向をみることは意味ある方法の一つだろう。それでも生協を顔の見える人と人の互助組織と位置付けると、規模にはあまり関係なく、どれだけ生協の掲げた理念に沿った運動や事業を実践しているかがポイントとなる。

生協法第一条では、国民の生活の安定と生活文化の向上が社会から求められている生協の目的であり、規模はあくまでも目的を達成させる手段の一つである。全国に一三二ある地域生協は、それぞれの歴史があって独自の組織文化を培って今日があり、どれも同じではない。そのため「生協は一つでなく、生協は一つ一つ」と表現しても良い。もちろん生協法で定める最低基準はあるが、それ以外においては多様な形であっても不思議ではない。

産直のとらえ方

生協では産直三原則（①生産地と生産者が明確、②栽培と肥育方法が明確、③組合員と生産者が交流）と、産直五基準（①組合員の要求・要望を基本に多面的な組合員参加を推進、②生産地、生産者、生産・流通方法を明確、③記録・点検・検査による検証システムを確立、④生産者との自立・対等を基礎としたパートナーシップを確立、⑤持続可能な生産と環境に配慮した事業を推進）を柱にして取り組みを発展させてきたし、これからも大切な指針となる。組合員の食生活を応援するため、構成比の高い産直のどこまで生協が組織的な責任を持つのかを明確にすることは、今後の生協の事業にとっても大切なことである。そのため今回の「生協産直への提言」においても、「（一）生協産直と産直の目的をあらためて定義する」としている。

ところで産直の定義をするためには、産直に関わる生産者・組合員・生協の価値観を一致させないと、せっかく創ってもあまり事業に効果的でない。中小の生協であれば、関わっている人数も比較的少なく、同じ価値観を持つことはさほど困難ではない。

ところが大規模で一〇〇万人単位もの組合員となり、また対象地域も県をまたいだりすると、主体である組合員の要求が多様化し、価値観を一つに統一することが難しくなる。国民の間で経済格差が広がり、低所得者層では安価を希望し、他方でゆとりのある層では安心・安全の品質にこだわることが強くなる。

ともあれ価値観が異なる層の組合員の要望に応えて多様な生協があるように、産直もいくつものパターンがあっていい。もちろん生協の基本があるように、生協産直を支える理念は明確にする必要はあるが、それをベースにすれば各生協において異なった形で定義して十分だろう。

プラットフォームとは

提言では、「一『生協産直とは何か』～生産者と消費者が協同して課題解決に取り組むプラットフォーム」としている。言いたいことは分かるが、何か私はしっくりこない。プラットフォームとは、事業や情報配信などのために共通する基盤や環境を意味するが、かなり抽象的な概念であり、そもそも生協そのものがプラットフォーム的存在であり、この横文字が組合員や生産者の胸に生協産直のイメージとして落ちるのか疑問である。

あわせて提言では年代によって生協産直の変化を図式化し、①一九七〇年代半ばからの

「産地・生産者、栽培方法が分かる産直」、②二〇〇〇年頃からの「たしかな商品をとどける産直」、③これからの時代は「持続可能性をめざす産直」として「産直三・〇」を提唱している。

このように発展してきた生協産直がどこかにあるにしても、そうではない現実がいくつも存在し、全体の傾向としてまとめて表現するのは無理がある。持続可能性を重視して当初から有機農家と連携している生協も多数あれば、同じ生協であっても商品や部門によって変化は大きく異なる。

五方よしの生協産直を

わざわざプラットフォームと表現しなくても、日本古来の経営哲学から引用することも効果的である。交流会第四分科会でコープおきなわの石原修さんが触れた、売り手よし・買い手よし・世間よしの近江商人の三方よしがその一つである。これに私は、働き手よしと生産者よしの視点を加えた、五方よしを提唱している。売り手は生協、買い手は組合員、世間は社会、働き手は委託やパートを含めた全職員、生産者は産直品を生産・加工している人々を意味する。

この五つの視点で、各産直商品別の現状・あるべき姿・課題を関係者が協議し、それぞれができることから実践していくイメージである。

当日の資料で各部門の総供給高に占める産直の割合は、青果三一・五％、精肉三八・八％、牛乳四七・五％、卵六七・六％、米六〇・六％、水産五・〇％とのことで、各事業にとっても大きな構成比をしめ、それだけ組合員の期待も大きく、生協の取り組みのさらなる強化が求められている。

しかし、たとえば水産では、牡蠣やウナギなどの種や稚魚が、国内だけでなく海外でも複雑に変遷し、トレースが極めて困難なものも少なくない。このため商品について、生協が一〇〇％責任をもって産直品にするには課題が多く時間もかかる。

それでも不明な点は棚上げし、生協として組合員に対し添加物など責任もてる範囲を明確にして産直品にすることは可能だろう。要は組合員が理解し喜んで利用してくれる生協産直の構築であり、その形や方法は段階的に多様であっていい。

ところで生協の若い産直担当者が、「上司に言われたからこうしてほしい」と生産者に依頼することが最近は多くなっていると、ある中堅幹部職員が嘆いていた。結果として供給高や供給剰余に貢献することはもちろん大切だが、あくまで組合員のための生協産直である。

日本生協連での交流会だけでなく、全国の各地や職場や労組などでも、生協産直についての現状やこれからの在り方などについて、本音で自由な意見交換する場の広がりが大切である。交流会において自分のこだわりを実践報告した、コープかごしまの中山哲志さんやコープおきなわの石原修さんのように、生協組合員と生産者の間にあって、自らのロマンと仕事を熱く語る職員が全国の生協でもっと求められている。

五　生協の産直と生産者への期待

二〇一九年二月中旬に、生協と長年産直でつながっている千葉県のある農産物生産者団体で、「生協の産直と生産者への期待」のテーマで私は話させてもらった。主催者からは、農家をぜひ元気づけてほしいとのことであった。米価の低迷で農業は収益が悪いとか、農家の高齢化や跡継ぎ不足が言われて久しい。さらに最近はＴＰＰへの加入や種子法廃止など、農家への逆風がより強まっている。こうした中で生産者が元気になるにはどんな話をすればと迷ったが、ジャーナリストとして東北各地の被災地で農業の復興を取材しているし、また日本科学者会議食糧問題研究委員会の一員で調査や議論をしており、私なりの話をさせてもらった。

私の問題意識

私は、一九四九年に高知で産まれ、実家の農家を継いでいる三歳下の弟は、五〇世帯ほどの集落の稲刈りと脱穀をしており、弟が働けなくなると集落の米の生産がどうなるか心配だ。

日本社会をみると、癌での死亡が国民の二人に一人とか、アトピーも増え、食糧自給率がカロリーベースで三八％など、以前と大きく異なり何かおかしくなっている。各国の歴史は、国民の安全と食糧を確保できなくなったとき、その国家は滅ぶことを教えている。食糧の六割以上を海外に頼り、かつ二〇一五年には安全保障関連法との戦争法を強行採決した我が国は、かなり危険な道を歩んでいるといえる。

こうした混沌とした時代の私のこだわりは、理論や主義を基にする「べき論」でなく、現実から出発して在り方を考えることである。

生協は今

生協産直を考える前に、まずは生協についてである。誰もが生協とかコープと普通に呼んでいるが、生協とは何かと聞かれると返答に困る人は多い。全国で生協は年間の売り上げが三兆円あり、地域生協の組合員は二二〇〇万人で、世帯数では国民の三分の一を組織している。

生協ではよく、「一人は万人のために、万人は一人のために」のスローガンを使い、互いに助け合う理念を強調している。古代ゲルマン民族の諺で、小さな集団で顔のわかる仲間との助け合いを意味し、見ず知らずの万人との連携では本来ない。そこでこの諺は主語を入れて、「私は仲間のために、仲間は私の為に」がいいと私は思う。協同の原点は、顔のわかる仲間と私との助け合いである。

生協の説明は、準拠する生協法を使うと説得力があり、生協法第一条目的に、国民生活の安定と生活文化の向上とある。対象は国民で将来の組合員を含むと理解することもでき、広く国民のための組織であることが生協法で求められている。

その生協は、全国に一三二ある地域生協で二極化が広がっている。最大のコープみらいは、組合員三四〇万人で年間供給高は三九〇〇億円あり、職員は正規三〇〇〇人とパート一万人が働いている。県民世帯の七五％を組織しているみやぎ生協では、ＪＡや大手コンビニと共同した店舗を複数出し、組合員の暮らしや地域づくりを応援している。

これに対し規模拡大よりもその生協の理念にこだわり、組合員が数千人から数万人といった中小規模の生協も各地に点在し、各役割りを果たしている。農産物では特定の産地と連携し、土づくりや有機農業に特化するなどの特色を出し、大規模生協との差別化を進めている。

つまり生協は一つでなく一つひとつなので、詩人の金子みすゞが詠ったように「みんなちがってみんないい」状態である。

地域生協の課題は、格差社会がより進行する中で食生活の安定のため、引き続き安心安全で新鮮な農産物を、組合員が利用しやすい価格と方法で継続し提供すること。生協が大きくなれば、一般の小売業との競争が激しくなり、特に店舗事業がそうである。

生協産直は

いろいろな生協があるように生協産直も多様で、産地直送や産地直結などの略として、それぞれの生協が独自の定義をしている。一九六〇年から一九七〇年にかけて我が国では、全国の農山村から都市へ若者の民族大移動があり、都会の近郊に団地が多数できた。それに生鮮食料品の販売ルートが追いつかず、各地で子育て中の母親を中心に、新鮮な野菜や牛乳や卵で近くの生産者と取り引きがスタートした。規模が大きくなると母親たちによる手作業では扱いきれなくなり、生協ができてきた。

地域生協の取引高において産直は、日本生協連の調査で青果三二%、米六一%、卵六八%をしめるなど高い構成比となっている。

同じ組合員でも、若いほど生協産直に対する関心は低く、また宅配事業組合員より店舗組合員は産直へのこだわりが少ない傾向にある。こうした層にも生協産直のメリットを、理解してもらう新たな工夫が重要で、そのため産直では、農産物の安心安全面だけでなく、生産者が生活文化で工夫し楽しんでいる情報も流すと効果的だろう。

ところである生産者団体では、生産者の高齢化で扱う農産物がいずれ減少したとき、納品先をどこからカットするかリストを作っていた。それを見たとき驚いたのは、生協は細かい一方的な要望が多くて生産者の対応は大変なのに対し、ローカルスーパーは文句が少ないので、各地の生協が削減対象の上位になっていたことである。全ての生産者団体ではないだろうが、各団体と対等な共存協力関係をしているか生協での点検が必要なところもあるようだ。

生産者への期待

国民の健康を維持する大切な農業の守り手であるにかかわらず、農家の社会的評価は残念ながら高くないが、意義ある仕事を皆さんはされており、ぜひ自信と誇りを持ってほしい。そう言われても現実の農業経営は厳しく、後継者や嫁の不足で困っていると反論する人もいるだろう。

それでも四季や野菜など日々に自然と触れあう農業に、魅力を感じている若者のいることも事実である。二〇〇九年に小売業大手のイオンが設立したイオンアグリ創造（株）は、全国に二一ヵ所ある三五〇ヘクタールの農場で六五〇人が働いている。女性が四割をしめる全職員の平均年齢は二九歳と若く、希望者が定員の一〇〇倍もいるほどの人気である。要は農業そのものに不人気の問題があるのでなく、長時間や重労働といった働き方などの労働環境に課題がある。ちなみにこの会社では、各農場にタイムレコーダーを設置して労働時間を管理し、環境負荷を減らすため食品の残りを肥料にして農場で使う完結型食品リサイクルを進め、二〇二〇年までにゴミゼロを目指すなど、生協でも参考にすべき取り組みがいくつもある。

農業以外にも、生産者の社会的な役割りはたくさんある。荒廃の進む農村や里山や森林の守り手としてもそうだし、汚れる一方の水や空気の守り手もそうで、住民を明るく元気にするお祭りなど生活文化の守り手としての役割りもある。

もちろん安過ぎる米価など、社会の仕組みできちんと対応しなくてならない課題はいくつもある。種子法廃止やゲノム編集を含めた遺伝子組み換え食品緩和への対応など、政治課題として政府の姿勢を正すことは国民的な重要課題となっている。

同時に農家の大半は自営業だから、自らの判断で実行出来ることも少なくない。ある生産者は、名刺や野菜の袋に「農業で地元地域を笑顔にします」と印刷し、耕作放棄地をいくつも活用して、地元の高齢者やお母さんなど一三人も雇用して元気に頑張っている。俳句の好きな方は、仕事の合い間に浮かんできた句を、携帯電話のメモに登録して時には発表して楽しんでいる。

農家でもいろいろな働き方や楽しみ方があり、それらを自己決済することのできる範囲の大きなことが、会社員や公務員などに比べて魅力である。

社会や組合員から求められる生協へ継続して発展するためにも、ますます地域づくりと暮らしづくりで役割を発揮しなくてはならない。そのためにも生産者の皆様の知恵と力は大切で、これからも生協の良きパートナーとしてよろしくお願いしたい。

六　生協と地域づくり
——組合員リーダーの役割は

青森県生協連

全国各地で高齢化や過疎化が進み、新しい地域づくりが大きなテーマになっている。そうした中で、青森県生協連が二〇一四年二月に開催した「二〇一三年度組合員リーダー研修交流会」において、私は「生協と地域づくり～組合員リーダーの役割は～」の表題で報告させてもらった。全国の生協にとっても大切なテーマであり、その要旨を伝えるので何かのヒントにしてもらえれば幸いである。

被災地における地域づくり

被災地を地域づくりの特徴で北から大別すると、青森から宮城県牡鹿半島までのリアス式海岸地帯で、高台への集団移転がある。次に石巻市から宮城県南端の山元町までの平野部では、集落営農が進みコミュニティの地理的再編が広がりつつあり、福島県の放射線汚染地帯では避難や家族の離散状態が今も続いている。

どこも津波に被災した場所には住むことができないとしたため、かつてのコミュニティが崩れ、復旧や復興の大きな妨げとなっている。

その中で協同を大切にした復旧・復興が各地で進んでいる。

生協法と地域づくり

ところで生協の目的について生協法第一条では、「国民の自発的な生活協同組織の発達を図り、もつて国民生活の安定と生活文化の向上を期する」と明記しており、そこには組合員だけでなく国民のための組織であるとし、食料の日々の確保などの生活の安定と同時に、人間らしい豊かな暮らしにつながる生活文化の向上も目的にしている。

他方で最大奉仕の原則に触れた第九条では、「行う事業によって、その組合員及び会員に最大の奉仕をすることを目的」としている。この二つを読むと、事業は組合員のためであるが、社会貢献は国民のためにすることが生協の理念と理解することができる。

国際的にも確認している協同組合原則は、生協がその価値を実践に移すための指針であり、第七原則のコミュニティへの関与において、組合員が合意した政策を通じコミュニティの発展に参画することを強調しており、生協の地域づくりにもつながる。

地域の諸問題

世界有数の豊かさと言われる経済大国になった日本が、地域を見ると①高齢化、介護、認知症、②人口減、過疎化、大都市への集中、③少子化、④格差社会や生活困窮者の拡大、⑤自殺、⑥交通、医療、教育、保育など公共サービスの低下、⑦原発による放射性物質汚染の拡散、⑧限界集落の増大など問題は多い。

生活困窮者の増加をみると、経済的困窮者では生活保護が一五八万八五二一世帯の二一五万八九四六人（厚生労働省二〇一三年七月）いて、所得が平均の半分以下の貧困率は増加し、二〇一〇年一人の所得は全国二八八万円に対し青森県は二三五万円である。

また社会的孤立も深刻で、引きこもりは約六九万五〇〇〇人（内閣府二〇一三年六月）いるし、小中学校の不登校は約一一万人（文部科学省　二〇一一年度）となっている。

こうした貧困、引きこもり、障がい、疾病、非行・犯罪、失業、家族問題、介護、ＤＶなどが、一人に一つでなく複雑関連し複合化している。

健康な地域づくりのすすめ

目指すのは健康な地域づくりであり、ＷＨＯによる健康の定義には、肉体的、精神的、社会的な視点があり、生協の地域づくりでも大切である。

そこで介護、子育て、自然、防災・防犯、文化・教育などにおいて、どんな地域にしたいのかイメージを皆でまとめることである。そこは夢の共有であり、一人で見る夢は夢で終わりやすいが、皆で見る夢は実現の第一歩となることを理解すると効果的である。

次に家族、近所、有志、生協、行政、ＮＰＯなど、誰と何を協同するのかである。

生協の事例

みやぎ生協「こ～ぷのお家いしのまき」には四〇坪の地域交流サロンがあり、心豊かで健やかな暮らしのお手伝いや、優しさと思いやりを持った人づくりのお手伝い、触れ合いとぬくもりのあるまちづくりの手伝いをしている。そこには「こ～ぷサロン講座」「松島医療生協の無料健康チェック」「国語クラブ」「小学校と交流」「こ～ぷのお家夏祭り」「こ～ぷのお家いしのまき文化祭」などがあり、地域づくりに貢献している。

いわて生協では名実ともに責任を持つ葬祭事業として、「セリオホールみやこ」が二〇一一年の震災直後に開始し、現在七ヵ所で展開している。岩手県内の五生協が合併して三年がたった一九九三年に、モノや金の万能主義に棹をさしながら、心豊かな暮らしの創造や、ゆりかごから墓場までの地域を目指し、生協の総合的な事業の夢を一〇万人の組合員と語りあって葬祭事業の基礎を作った。

コープみらい埼玉県本部では、震災直後から双葉町出身者約一四〇〇名が埼玉県加須市の旧騎西高校へ避難してきたので、近くの生協の店で食材を揃えボランティアで準備し、個配のトラックで運び避難所で調理し配膳してきた。

福井県民生協では、宅配サービス・店舗・子育て支援・高齢者介護、移動店舗、買物代行、お買物バス、夕食、介護食、医療食の配達、くらしの助け合いの会、CO・OP共済を、地域毎で有機的につないで地域に貢献している。

医療福祉生協の地域づくり

愛知県の南医療生協では、組合員を主体にした地域づくりが積極的に進んでいる。

グループホームなどでは、高齢化の地域で安心して入居できるグループホームの開設をめざし、必要性を語り事業所にする空き家を見つけ、費用の一〇〇〇万円も地域の組合員で集めるを合言葉に取り組み実現させた。

二〇〇八年に開設した「のんびり村」は、八〇〇坪の敷地にグループホーム、デイケア、地域交流館、多世代住宅、食堂などがある。

二〇一五年四月開設予定の八階ビルの「南生協よってってって横丁」では、地域のつぶやきを集め作る、まざり合いの明るいまちづくりをテーマにしている。

地域づくりを進めるために

こうした生協による地域づくりを進めるために、以下が大切である。

第一に要求追求から要求実現への発想の転換で、行政や誰かにお願いするのは限界があり、自らが同じ思いの仲間と共に実現へ向かうべきで、夢は子どもに託すのでなく自ら求めるものである。

第二には、今あるものの活用で、人・物・知恵・施設・備品・金・文化・自然・ネットワークなど、宝物は足元にある。

第三に変革の主体は私にあり、無限の可能性を秘めた個人の力を活用することである。

第四には、どんな社会になっても生きぬくことで、そのためには人類の英知である協同がますます大切になる。

第五には、できる範囲から仲間と実践する私の地域づくりで、顔のわかる地域で「私は仲間のために、仲間は私のために」がキャッチフレーズになるし、沖縄の助け合いである「ゆいまーる」の考えを示す人為我為の精神が輝く。

七　今一度、「生協と生協人のあり方」を考える

シンポジウムの開催

二〇一七年一一月二五日の午後に都内で、「生協と生協人の在り方は？　大阪いずみ市民生協問題（いずみ問題）二〇年目に考える」をテーマに、実行委員会でシンポジウムを開催させてもらった。二〇年前に大阪いずみ市民生協（いずみ生協）において、当時の副

理事長による巨額の私物化やいくつものセクハラなど、生協として許しがたい暴挙が数々あった。これらに対し職員三人が内部告発し、それに理事会は二名に解雇と一名に長期自宅待機で応えた。事実が公になって告発者の三人を支援する動きが拡がり、私はその全国組織の事務局長として動いた。

裁判は画期的な勝利をおさめ三人は職場復帰し、日本生協連が動き全国の生協でガバナンスの整備が進んだ。しかし、いくつもの課題は残されたままであり、二〇年後になっていずみ問題を風化させず再確認し、今後の生協と生協人の在り方へ引き付けた意見交換をして、国民や社会の求める生協や生協人について一緒に考えることにした。賛同してくれた沖縄や九州を含め五二人もの参加で、熱気ある議論をすることができた。

いずみ問題とは

まず一時間半は、告発者の三人や当時のちばコープ高橋晴雄理事長から、いずみ問題とはいったい何であったのかリアルな報告を受けた。

告発者の内田一樹さんから、「いずみ生協での内部告発とその後の経過」として三〇分話してもらった。独裁体制と非人間性を目の当たりにし、しかし面従腹背の日々で私物化はどんどん増長して、このまま働き続けることは自分の人間として生きる否定になるので決意した。そこで一九九七年五月に、「いずみは何のため　誰のための組織？　その組合員への背信行為の実態」との告発文を、総代五五〇名、理事・監事、大阪府、日本生協連に郵送し、私物化の実態と生協としてのあり方や、いずみ再生の道を呼びかけた。

これに対し理事会は、「告発文書はねつ造、歪曲」との文書を全総代に配布したため、三名は大阪地検へ告発して裁判が始まった。一九九九年六月に仮処分裁判は勝利し、解雇は無効で内部告発は正当であることは認められたが、理事会は反省せず自宅待機損害賠償訴訟へと発展して裁判が続いた。

全国的な支援が広がり、「梅渓・坂田・内田さんの人権と生活を守る全国連絡会」は、一九九九年に三〇組織で八〇二四人にもなった。

この動きは、二〇〇二年にNHKクローズアップ現代「不正を正すために内部告発と企業倫理」でも取り上げられ、二〇〇四年に公益通報者保護法が日本で発布することにつながった。

こうして損害賠償訴訟は二〇〇三年六月に勝訴した。

告発者の梅渓健二さんは、絶望から大きな闘いを経て私の宝物となり今は爽快感もあるが、あんな終わり方で良かったのか疑問であると触れ、坂田明さんは、いずみ生協は本来の生協に再生してなく、組織は腐敗し権力は暴走する前提でのチェックが今後も必要と強調した。

生協における働き方は

「いずみ問題を通して生協における働き方を考える」として、私は三〇分間触れた。日本での働き方は、戦後にアメリカを模倣して経済合理性を最優先し、経済成長を支えるため低賃金、長時間労働、男女の賃金格差、パート、派遣労働、低賃金の海外への依存を強めた。そこでは本人とその家族の人間的な生活を保障する給与にならず、労働権の無視が広がり、搾取や基本的人権軽視の構造的暴力が拡大し、生協における働きにも当然影響し、その極端なケースがいずみ生協に現れた。

第一にトップや幹部の変質である。倫理観や謙虚さの欠如で生協法・定款・総代会決議から逸脱し、吉本隆明が指摘した共同幻想に生協も該当することを証明した。供給高では創業時一九七四年の一億円が、一九八四年に二二九億円で一九九七年には五四七億円と、急速な拡大によって自信過剰となった。また経営ファッションとなり、搾取、抑圧、基本的人権無視の構造的暴力を広げ、トップの顔色しか見ないヒラメ化した幹部が増えた。

第二に思考停止した職員で、大半が副理事長の生協私物化を黙認した。上からの指示待ちの従業員ほど楽だが、その中でも三人は人生を賭け信念に基づき内部告発をしたことを忘れてはならない。

第三は、態度を曖昧にした労組の問題で、三人は相談したが応じず体制を擁護したことは、労組も共同幻想であるといえる。その中でも中堅幹部による管理職労組が誕生し、二〇一五年に解散したが画期的であった。労組のさらなる役割発揮のためにも、管理職労組作りは課題の一つだろう。

生協における働きの課題では、まず生協法に基づいて働くことであり、第一条目的の「（略）国民生活の安定と生活文化の向上を期することを目的とする」に即すことである。食や経済的保障などに関わる仕事を生活が安定する経糸とすれば、暮らしを豊かにする生活文化関連の仕事を緯糸とし、生協での仕事が面となって組合員の生活を支えることである。

次にどこまでもやりがいのある楽しさを求めることで、そこにはデザイン力が必要になる。変革の主体は私と自覚し、商品やサービスを通した関係性の中で仕事の役割りを発揮し、信頼創りを多方面に高めていく。各々の働きが地域共生社会の実現に貢献し、一度しかない人生を悔いなく歩むことが一人ひとりに求められている。

問われた課題

続いて「いずみ生協で問われた課題」として、日本生協連矢野和博前専務が三〇分間話した。一九七〇年から八〇年代に生協は急成長したが、一九九四年に全国で前年割れし、釧路市民生協やコープさっぽろの経営破綻もあれば、練馬生協や下馬生協の解散など各地で経営の困難や混乱がいくつも露呈した。そうした中でいずみ生協事件も発生したので、個別な特殊問題では決してない。

いずみ生協事件の深刻さは、トップの独裁・腐敗・私物化の酷さであった。研修センターやハワイで所得した別荘の私物化もあれば、職員の昇給試験にトップ語録を採用するなどがあり、いくつもの醜聞は新聞や週刊誌によって全国に流れ、反面教師として各地の生協への警告にもなり、あわててゴルフ会員権の売却などが続いた。

ガバナンス（統治）の課題では、生協では少額出資のため経営への牽制機能が株式会社に比べても弱く、またＣＯＯＰ商品が買えれば良いとか、生協がなくなるのは困るといった組合員の意思をどう反映させるかである。そこで機関権限と牽制機能の明確化や、員外役員・外部監査・書類閲覧など外部監視機能の強化が必要で、公認会計士や役員の交代制も重要である。

職員と特に労組による理事会への牽制機能の役割りを強めることが大切で、そのためにも日常の職場運営における民主性を確保する点検がポイントになる。

この二〇年間の変化では、①新自由主義と株主や投資家優先で、格差の拡大や政治の右傾化、②組合員が班から個人に、③非正規や子会社や外部委託の労働の増加、④事業連合機能の拡大や広域大型合併があった。こうした動きに対応した制度の整備と、倫理を備えたリーダーの育成が必要である。

トップの腐敗や堕落は、生協の原点を自覚しない取り巻きによって短期に進行し、成長期からの転換期にいずみ事件は起こった。消費税の増税や都市部の人口減もあり、二〇二〇年のオリンピックが終わった後に、景気が一気に悪化するので生協にも影響し、経営危機が進む中で新たな不祥事の発生が懸念される。いずみ事件を風化させてはならない。

休憩の後は五時まで質疑応答や議論の時間とし、各地の生協役職員だけでなく、生協に寄り添う弁護士や学者も率直な意見交換をすることができた。

社会が大きく変化する中でも、生協や生協人として決して揺るがしてはいけない哲学が求められている。そのためにもいずみ問題など負の遺産を決して忘れることなく、今回で終わりとせずにこれからも生協や生協人の在り方を考えていくことに繋げたい。そこで当日の報告書をきちんとまとめ、参加できなかった人にも伝える準備をしている。

八　ドラッカーとフランクルの思想も生協に

一月中旬（二〇一八年）に都内の大学で開催となったある研究会で、生協の社会的な役割をより発揮するため、これまでの協同組合の枠を超える必要があり、そのため近代経営学を作ったピーター・F・ドラッカー（一九〇九～二〇〇五）と、心理学のヴィクトール・E・フランクル（一九〇五～一九九七）の思想に学ぶことを私は強調した。

日本にはドラッカー学会があり、使命や社会などに応じ組織がどうマネジメントすべきか研究している。そうした取り組みと、組織の中で働く個人の内面をさぐる心理学を重ねることは以前からおこなわれ、ドラッカー自身も欲求五段階説で有名なマズローと会って意見交換をしている。

その流れもあってか最近のドラッカー学会では、ナチスによる強制収容所を生き抜いたフランクルの思想をドラッカーの考えと重ねる議論が一部で始まっている。

それぞれの幸せを実現するためには、組織のマネジメントが必要としてきたドラッカーの思想に、同じ目的のため自らの生きる意味へ、各自が応える心理面を強調するフランクルの思想は共通性が高い。組織だけや個人の心理面だけでカバーできない分野を、相乗効果によって同じ目的へ近づくことを期待している。

ところで生協を含む協同組合の在り方については、戦前の賀川豊彦を含めて何人もの先人が理論展開し、その時代ごとに運動や事業を発展させるため、貴重な役割を果たしてきたことは間違いない。しかし、生協だけでも国民世帯の約三分の一を組合員に組織し、供給高は三兆円をはるかにこえる大規模となった今日、リベラル・アーツ（実践的な知識・学問の基礎）としてドラッカーが体系づけしたマネジメントの理念を、生協の中にきちんと位置付けることが大切である。また組合員の幸せを求め実現するためには、絶望の中でも生き抜いたフランクルの思想も一つのヒントになるだろう。

組織のマネジメントを通して人々の幸せを願ったドラッカー

第一次世界大戦前にオーストリアのウィーンで生まれたドラッカーは、ギムナジウムを卒業後にドイツへ移り、働きながら大学で勉強する。金融の記者もしたので、ヒットラーにインタビューするなど政治の動きを観察して社会の危険な動きを察知し、二八歳の時にアメリカへ移住してから処女作『経済人の終わり』（一九三九年）を出して、全体主義であるナチズムやスターリンの社会主義を強烈に批判した。

そのうえで個人を活かす組織として企業に期待し、内部の聞き取りを基にしてマネジメントの総合的な構造をはじめてつかみ、『現代の経営』（一九五四年）や事業戦略を解説した『創造する経営者』（一九六四年）もあれば、マネジメント論を集大成した『マネジメント』（一九七三年）へとつなげ企業社会の発展に貢献した。

この頃になると個人の働きに応えている企業だけでなく、コミュニティへ積極的に関わっている非営利組織にもドラッカーは期待を広げ、ＮＰＯなどのマネジメントを扱った『非営利組織の経営』（一九九〇年）や、二一世紀のマネジメントに触れた『明日を支配するもの』（一九九九年）をまとめた。

ドラッカーは、社会の機関であるとしたあらゆる組織を、個人や社会の幸福を満たす存在にしたいと願い、その使命を達成し成果を上げるための手段がマネジメントであると位置づけた。その基本構造として、顧客の創造→企業の目的である使命→達成させる道具・機能・機関であるマネジメント→達成させる方向性を示す戦略→達成のためのマーケティングとイノベーションへつながる重要な流れを明らかにした。

マネジメントというとすぐに経営数値や労務などの個別の管理をイメージしやすいが、それはあくまでドラッカーが提唱する一部であり、まずは顧客創造や使命の明確化が前提にある。生協であれば組合員の豊かな生活の創造であり、また生協法の第一条目的に明記している生活の安定と生活文化の向上で、それに対して供給高や剰余金などの管理は、あくまでも生協経営の一つのバロメーターであり手段である。例えば店長や職員を子会社として働かせるなどし、人件費をおさえて経営効率を上げている生協が高い評価を受けたりしているが、生協の使命の基礎にある助け合いの協同組合思想からすると、手段と目的を混同しており一考を要すると私は考える。

心理面から個人の幸福を願ったフランクル

ドラッカーとほぼ同じ時代を生きたウィーン生まれのフランクルは、ナチスによる強制収容所で二年七ヵ月も過酷な体験をし、絶望の中でも自らの生きる意味を明確にすることが、精神保健にとってどれほど大切か気付き、生き延びる独自の理論を確立した。それまでの心と体のみを分析する心理治療法では、人間の本質的な問題に対処しきれず、心と体を超越する精神力を強化し、初めてその人らしい生き方が可能になることに気付いた。これをロゴセラピーと名付け、高齢化、教育、人間関係、うつや自殺など様々な危機状況にも対応できるようになった。ギリシャ語で意味や理論をあらわすロゴスと、心理療法のセラピーをあわせた造語のロゴセラピーは、人に特有な精神を第一義的と位置付け、本能的な心を第二義的とし、人間は欲望や社会的な力への意志などに影響されつつも、心のより深い次元の精神を通して、自らの自由意志によって責任ある決断をし、人生の意味や価値を追求するとした。

強制収容所から解放後にフランクルが、体験を理論化して書いた世界的なベストセラーが『夜と霧』（一九四六年）で、我が国でも以前から広く読まれ東日本大震災後に読者がより増えている。

ところで人間の行動し生きる原動力について、何人もの心理学者が自説を展開しており、代表的なところでは精神分析学を創始したフロイトは生理的な欲望とし、欲求五段階説で有名なマズローは社会的な権力を位置付けた。

これらに対してフランクルは、各自が人間らしく生きる意味を行動源にもってきた。それも一般的に人々は、金持ちになりたいとか健康で長生きしたいなどと、人生に対して人から期待するが、フランクルは逆に人生から個人が何かを求められており、それに応えることが何よりも大切とした。どんな人でもどこかの誰からか、もしくは何からかきっと期待されており、それを具体的に見付けて真摯に応えていくことこそが人間らしい人生であるとした。人間の感情レベルでの心は、自らを司る精神的な次元へと続いて自身の生きる意味を問うているとし、物事の諦めや生きることの放棄もあれば苦難からも意味を引き出すことができるとして、精神力を使い総合的に生きることを強調している。

このロゴセラピーの理論では、どんな時にも人の行為には価値があるとし、第一に創造や仕事で生産する創造価値、第二に自然や芸術の美を感じる体験価値、第三にどのような逆境の中でも自らの判断による態度価値をあげている。こうしてみるとどんな障がいを持っていても、人それぞれの行為には必ず大切な価値があり、そのことを互いに認め合えば素敵な仲間やコミュニティができる。

苦境に直面してもそれに耐えて乗り越え生き延びる能力であるレジリエンス（復元力）は、生活する全ての人々にいつの時代も求められている。そのため強制収容所の体験記からフランクルは、第一に眼の前の現実を笑い飛ばすユーモア、第二にそれは本当かを問いつめる好奇心、第三に人間の無限の可能性を知る驚きの三つの情緒があるとした。

研究対象は異なる二人だが、心理面だけでなく精神的次元で各自が持っている能力も使うことの大切さを説き、一人ひとりが生きる価値と意味と目標の明確化や、本物、誠実、責任へのこだわりを強調したことは共通する。

現在や将来の組合員を含めた全国民の生活と生活文化は、以前に比べれば豊かになっている面はもちろんあるが課題も多い。日本の高い貧困化率や自殺率などは、生活と生活文化が追い詰められていることを物語る。役職員と組合員を含めた国民の生活の安定と生活文化を生協の視野に入れると、ドラッカーとフランクルの思想の咀嚼も大切である。

九　生協らしさを考える

二〇二〇年二月二二日に都内で、「生協の在り方を一緒に語りませんか」のタイトルで集いを開催した。その呼び掛け文は以下である。

「社会の変動がますます激しくなる中で、生協の在り方も厳しく問われるし、それを支える職員がどうあるべきかについても議論があります。生協の事業経営はもちろん大切ですが、経済優先の市場経済にこれからも対抗するためには、地域社会や福祉や職員の仕事などについて、生協ならではの大切な価値観がいくつもあります。社会が求める生協をさらに発展させるためには、こうした多様な価値観を生協内外に繋げていくことではないでしょうか。

ともあれ生協の原点を再認識しつつ、現場からの問題意識を互いに出し合いながら、これからの生協の在り方を一緒に考えたいものです。つきましては各自の問題意識を出しながら、私たちの力でこれからの生協の在り方を創りませんか。

目的：生協の現状についての評価を互いに出しつつ、これからの生協の在り方を考えます」

新型コロナウィルスにより都内でも各種のイベントは中止になっているが、こちらは予定した日程で開催し、一四時～一四時一〇分開会あいさつの後、一四時一〇分～一五時一〇分「生協らしさを考える」のテーマで日本生協連前専務理事矢野和博さんの問題提起を受け、一五時一〇分～一七時は参加者の自己紹介と意見交換をおこなった。

なお呼び掛け人は、千葉商科大学客員教授麻生幸、日本生協連前専務理事矢野和博、生協労連元委員長桑田富夫、私で各方面に案内させてもらった。

その概要を以下に紹介する。

生協らしさを考える

矢野さんから「生協らしさを考える」のレジメに沿って、いろいろと貴重な問題提起が以下のようにあった。

まず前提は、現役の生協リーダーが、困難な中で良く頑張っていることを認識することである。少し前まで事業経営をしていた時に比べても、進む少子高齢化によって市場は縮小して競争関係はますます激化し、ＣＯ・ＯＰ商品や産直品の優位性が相対的に低下していることも事実である。

組合員が支持して生協が先進的な事業モデルを成功させれば、一般企業がそれを真似るのは当然のことであり、生協の経営としては厳しくなるが、安心安全な社会全体のレベル向上に役立ったので喜ぶべきことである。

運動組織でみても政治社会の右傾化が進み、あわせて格差社会は拡大し労働組合や中産階層の縮小が続き、かつては生協組合員を拡大してきた組織労働者や中産階級市民の層が薄くなっている。

こうした困難な状況の中でいろいろな課題が出るのは当然で、それでも生協の経営を維持し成果をあげていることは評価すべきである。

昭和の頃の勢いがあった生協は、消費者運動の先頭に立ち、環境問題や原水禁運動などにおいて革新勢力の一翼であった。そこには問題の多い資本主義社会における経済状況の改革や、未来社会への準備であるとして取り組んできた。それでも市場経済を利用しつつ変化を促す事業であり、社会主義を目指す政党からは「ナマクラな生協はナマキョウ」と揶揄されることもあった。

平成になると、新自由主義の下で資本が横暴し格差社会が進むなどして、いろいろな苦悩に生協も直面することになった。生協の組合員は、昭和二二年から二四年生まれの団塊世代が多くを占め、高齢化してその後の世代がうまく続かず、平均年齢は毎年のように高くなっている。また組合員は数では増えているが、以前は一家族で夫婦と子ども二人で計四人いたが、今は子どもが独立して高齢の夫婦の二人が多くなっている。このため世帯数でみる組合員は増えていても、実質的な人数は増えてなく、世帯へ配達する量や利用高は減少傾向にある。

また宅配は、運転手不足による人員確保の課題もあれば、アマゾンの事業拡大など競争相手も強まりますます大変になっている。

すでに日本の人口が二〇〇四年から減少傾向に入り、供給高が低下するのは当たり前になっていて、その環境変化を認めつつ、それでも真っ暗な闇だけにはならない経営を生協がすることである。

事業経営戦略の課題では、ＩＴ社会、人口減、国際化がキーワードになる。

宅配事業では、配達機能や銀行口座や購買データなど、生協が持っている強みをもっと活用できる。そのうえで、週一回配達の変更は、配達効率や計画的な購買の在り方を考え、また情報の提供や受注システムの改善が課題となっている。配達を週二回にすると、一回あたりの利用単価は下がってかかるコストは高くなるで、当面は週一回でいくしかないだろう。

宅配に比べて最初から競争の激しい店舗事業は、大半の店で経営がきつい。弱さを克服して生協らしさを出すためには、商品やシステムやマニュアルの整備と基礎力量の向上がまずは重要である。成城石井のトップは、「スーパーほど楽な事業はない」と言っており、生協において改善できる余地はまだある。

事業分野では、介護・新電力・農業参入などで、都道府県で環境は異なるから一律にはいかないが、拡大するチャンスはいくつもある。民間やＮＰＯなどの動きもあり、参入するのであれば早めにしないと時期を失って無理になる。

このような事業を展開するにも、高齢者や障がい者や外国人も含めた労働力の確保と、効果的な人材育成が大切で、すでに日本生協連の物流子会社シーエックスカーゴにおいて成果をあげている。あわせて日々加速するＩＴ化への対応もあれば、増大する貧困層や環境危機などへ、生協としてどう向かうのかも課題である。

連帯組織のさらなる役割発揮

こうした新しい課題に対しては、事業連合や日本生協連の連帯組織で挑戦し、必要な経費を使い実験することも大切だろう。

組合員の生協に加入する主な理由が、以前は安心・安全な食品の利用であったが、最近では安価に変わってきている。このため生協を維持するため、どんなモティベーションを掲げるかである。

これは生協職員にとっても同じで、以前とは異なった動機で働いている人も増え、生協の素晴らしさをどう理解してもらうのか工夫がいる。約七一万平方メートルもの土地にトヨタ自動車（株）が、さまざまなモノやサービスがつながるコネクティッド・シティを建設すると発表し話題になっている。生協も何か新しいことへチャレンジすることで、職員や組合員もやりがいを感じることにつながるだろう。

大学生協における経営の難しさは、入学式前後などの繁忙期に事業が集中し、かつ営業日数が年間で二〇〇日以下と少なく、また学生の組合員の入れ替わりが毎年のように続くことである。

生協の社会的な売りは、以前は商品の安心・安全であったが、どこの企業もそうしないと商品が売れないので同じことを強調している。そこで差別化するため今後の生協は、良心的と民主的な経営を打ち出すことだと考える。

このような中で民主的運営とリーダーシップがますます問われ、日本や世界で広がる新自由主義や株主至上主義への対抗としての、協同組合原則の意味を再確認することである。同時に専門的技術と知識もあれば、大衆的英知と常識の統一や、さらには地域的課題と全体課題の統一もあれば、「一〇〇人の一歩」と「一人の百歩」の議論も対立させずに深める課題もある。

若者を信じることは未来を信じることにつながるし、未来を信じることは若者を信じることにもなり、困難がこれからも続く生協の在り方についての答えは、若者が出していくしかない。

多様な意見交換

休憩の後で、参加者同士での活発な意見交換を続けた。テーマは、弁当宅配・ネットスーパー・店舗事業・大学生協において進む事業連合・連帯事業の在り方・組合員の参加・プラットホームとしての生協・協同の役割などと多彩であった。

三時間で何か結論を出すことはなかったが、生協の今後について現状から考える大切さを深めた。消費税増税や新型コロナウィルスで、生協を含めた日本経済の悪化が懸念される。生協の真価が問われ、どこにも教科書はなく、進路は生協人が自ら構築するしかない。

こうした議論を今後もしたいし、各地にもぜひ拡がってほしい。

一〇　コロナと生協を考える１　中長期の見通しも

新型コロナウイルス（以下コロナ）が世界中に蔓延し、三月一一日にＷＨＯがパンデミック宣言を発信した中で、日本政府は七都府県へ出していた緊急事態宣言を四月一六日に全国へ拡大した。増える国内外のコロナ情報をマスコミは連日流し、国民の間に不安が広がり生協組合員も同じである。

そうした中で、組合員の求めに応じる生協の宅配や店舗などの各事業現場では、感染のリスクがありつつも担当者が日常業務をしっかり続けている。我が家へ配達してくれる若い職員にコロナの影響を聞くと、「配達戸数が増えてたいへんです」とのことで、私は「ありがとうございます」と頭を下げた。

全国各地の生協にも、社会と同じくコロナによる多大な影響が出ている。誰も経験したことのない状況が続き、緊急事態宣言は五月七日に解除となってほしいが、残念ながらその期待は難しそうだ。コロナ禍は、今から数か月や半年の後か、もしくはドイツ政府が想定する二〇二一年までかかるかもしれないし、さらにはかつてのスペイン風邪のように、一波が収束しても二波や三波と続く可能性がある。また人口密集度・年齢構成・産業・交通機関・天候などの諸条件により、感染の広がり方は地域で異なり多様な推移が予想される。

直面する短期の対応はもちろん重要だが、中長期の見通しも考える必要がありそうだ。人間の力ではどうしようもない不条理の中で、生協はコロナにどう対応すればよいのだろうか。

生協へのコロナの影響

地域生協では二月後半から未利用者や新組合員の注文が続き、日本生協連の発表で三月の供給高の前年比は、宅配一一四・二％と店舗一〇九・九％で全体は一一二・二％と大幅に伸ばし、中には二～三割も増えた生協がある。利用単価よりも利用者数の伸びが高く、それだけ地域社会からも生協への期待が高まっていると評価できる。

しかし、いくつもの課題も出ている。急激に注文が増えたことにより、必要な商品の量が確保できず、食料品や生活消耗品の一部では欠品や点数制限が発生し、さらには搬送する体制や荷箱の手当などが間に合わず、混乱は四月下旬になってもまだ続いている生協がある。このため配達の現場では、組合員からのクレームに苦慮する職員もいる。

すでにいくつかの宅配センターや店舗でコロナの感染者が発生し、保健所の指導で作業場の消毒や店舗の一時休業をしている。注意をしていても社会の感染の広がりに応じて、残念ながら今後も生協でも増えていくことだろう。そうしたリスクの中での就労に対し、小売り業界での特別手当と同じく支給を検討している生協も出ている。

経営への悪影響が一番大きいのは、全国に二〇五ある大学生協である。三月の卒業式や卒業旅行が中止となり、また四月の入学式も中止や授業の開始が遅れるなどした。それも学生は登校しないオンラインや課題提出型の授業を五月までおこない、対面授業は六月か後期以降にしている大学が大半である。行政の自粛要請を受け閉門した大学では、全ての店舗を休業した生協もあり経営が極めて困難になっている。これまでの合理化でパート化率は高く、閉店時のパートの休業補償もあり、資産の少ない大学生協がどこまで耐えることができるのか心配である。なおコロナに対応するためＵｎｉｖ．ＣＯ―ＯＰのマークを期間限定で変更し、「距離はとって、心でつながろう」と添え、協同を大切に乗り越えようと呼び掛けている。

医療生協においても利用者の感染が出て、診療を一時休止したところがある。コロナ感染を心配し外出自粛要請で、軽度の症状では受診をためらう人が増え、一般の医療機関と同様に二～三割も利用者減の生協があり、それだけ厳しい経営環境になっている。

こうした経営数値への影響だけでなく、これまで生協が大切にしてきた組合員同士や生産者との交流などができず、人と人の協同を大切にした生協の強みを、密閉・密集・密接の三密を避け今後どう展開していくかは大きな課題である。

コロナへの対応

新聞・雑誌・テレビ・インターネットはコロナの話題で溢れ、専門家でも未知に対する憶測や決めつけも中にはあり、また相反する意見もあり多くの情報でかえって混乱することもある。科学的根拠を示さず突然の全国一律の休校要請や二枚の布マスク全世帯配布など、場当たり的な政府の対応も国民の不安に拍車をかけている。こうした中では過剰な情報に振り回されないことが大切で、コロナが中長期に続けばなおさらだろう。

その点で参考になる一つは、雑誌『世界五月号』（岩波書店　二〇二〇年五月）の、コロナショック・ドクトリン特集である。未知のコロナ抑止や社会的混乱への対応など、経済・歴史・医学・法律・政治などの各界から九本の問題提起があり、総合的に考える参考となる。その一本が、日本総合研究所寺島実郎会長の「コロナ危機の本質―理性ある対応とは―」で、以下を強調している。

大きな視座が必要で、ウイルスを含む様々な微生物と人類は共存してきたし、人体の細胞数よりはるかに多い常在菌と人は共生している。パンデミック宣言は、社会的混乱を配慮してインフルエンザ以外の感染症では出さない方針だったが、異例に今回は出した。日本人の死因の五位が肺炎で年間約九万人が亡くなっており、この肺炎を起こす多様なウイルスや細菌がすでに脅威として存在する。そのため今回のコロナの脅威も、相対化して捉えるべきである。

パンデミック史に学べば、人体も社会も多様なウイルスで溢れているのが常態で、人類はパンデミックの歴史を繰り返し、地球的拡大は国際化した移動と交流の影の問題である。日本では、コロナについても官邸主導による「国難」政治として奇妙な方向に引っ張り、いくつも失敗しているが、これからは日本の英知を結集しなくてはならない。経済ではウオールストリートの強欲な金融資本主義が、借金してでも景気を拡大する方向へと、日本も含め誘導してきた世界経済の構造的矛盾を、コロナ・ショックは炙り出した。

今回の持つ意味を正視し人間としての原点に還って、あるべき社会を思索すべき時である。

要はコロナと敵対するのでなく共存する対象とし、短期の当面する部分的対応だけでなく、収束後に向け原点からの中長期的で総合的な取り組みの準備も呼び掛けている。

中長期の見通しを

ドイツのメルケル首相は、国民に向け三月に以下の呼び掛けをした。

「開かれた民主主義が意味するものは、私たちが政治的決定を透明化し説明することや、私たちの行動の根拠を示し、それを伝えることで人々の理解が得られるようにすることです。何かを強いられるのではなく、知識を共有して活発な参加を促すことで繁栄します」

同じ首相でも、上から目線の日本との違いに驚きつつ感動する。ともあれこの話の、「私たち」を「生協」にして「政治的」を「機関」に、「人々」を「組合員と職員」へ置き換えても含蓄のある内容である。

時期は不明だがコロナはいずれ必ず下火になり、以前のように自由に人と触れ活動できるようになる。ただし集団免疫や薬やワクチンができずに長期化すれば、所得の減少や失業率の上昇もあれば食糧の減産なども同時多発的に起き、医療崩壊だけでなく雇用・所得・食・文化・家庭・介護なども崩壊する危険性がある。そうなれば多くの組合員にも当然影響し、利用単価の低下だけでなく、利用したくても利用できない組合員が増え、生協の経営はより厳しくなる可能性がある。

コロナによる生協での大変な苦労は、残念ながらしばらく続くと覚悟するしかないだろう。その間は健康を害しない範囲で不条理に耐え、できる範囲でコツコツと働くしかない。

そのためにもそれぞれの生協の原点を再確認し、各自の心身にこれからも留意してやがて来る再出発にぜひ備えてほしい。

一一　コロナと生協を考える2　原点の再確認

新型コロナウイルスに関して日本政府は、緊急事態宣言を五月二五日に全面解除したが、それでもまだ国民の暮らしへの影響は続く。

五月も宅配の大幅な利用が続き、四月以上に欠品が増えたり、新規加入を止めたりしている地域生協もある。また大半の大学ではオンライン授業が続き、学生は登校せず休業店が多く大学生協の経営が大変になっている。

そうした中で各地の生協における、協同組合の理念を大切にした助け合いを紹介する。

広島県生協連

大型連休中に帰国も帰省もせず自室暮らしの生活困窮の学生を支援し、また商品ロスを出さずに事業継続する目的で、広島県生協連から五月に広島大学生協へ一〇万円、修道大学生協に五万円、福山市立大学生協に三万円の支援金を支給した。広島大生協では、五月三日に大学の要請を受け食堂を開放し、寮などで自粛している学生向けのテイクアウト弁当を一二〇〇食用意して、広島県生協連から下記の応援メッセージを付けた賞味期限前の菓子や飲料を約六〇〇名に無料配布した。

「GW中にも関わらず、自室でひとり暮らしを続けている方、母国を離れての生活を続ける留学生。皆さん、とても大変だと思います。普段通りの生活ができる日は必ずきます。それまでみんなでがんばりましょう‼　広島県内の生協の仲間は、いつでも学生の皆さんを応援しています」

利用した学生からは、「ありがとうございます」や「生協大好きです」との感謝の声があった。

修道大学生協では、賞味期限前の商品をリストにして県内会員生協へ支援要請すると、広島県こくみん共済コープが、テレワークや自宅待機の職員用に全商品を引き受けた。

介護サービスの事業所では、マスクや消毒液が不足していたので、県生協連が調整役となり日本生協連やコープCSネットへ支援を依頼し、マスク・消毒液・小分け容器の提供を受け現場へ届けた。自分が感染源にならないか恐怖と緊張感のヘルパーや看護師は、コロナの脅威と向き合うストレスの中で仲間の支えに喜んでいた。

県生協連高田公喜専務の話である。

「災害時同様に私たちが持ちうる生協理念は、こうしたコロナ禍と対峙するときに、無関心や不寛容にならず積極的になれと語りかけているように思います」

パルシステムグループ

パルシステムグループは、年末年始の相談活動・子ども食堂やフードバンクへの食品提供・大規模災害における復興支援の社会的活動などに携わってきた。コロナの今回の事態で協力団体と都庁近くにおいて、生活困窮者への支援活動の月二回を四月から毎週開催している。

四月一一日には、生活困窮者への食品提供や暮らしと健康の相談会をする「新宿ごはんプラス」に協力し、バナナやミニトマトなどの食品を提供した。ネットカフェの休業で寝泊りする場を失った人も増え、一一〇人ほどから生活や健康の相談があった。

四月二五日は一三五人が訪れ、パルシステムがパン・りんご・バナナを提供し、生活相談や医師による健康相談もあり生活の不安が半数を占めた。

五月二日は食品を一四五人へ提供し、パルシステムが青果を提供するフードバンクのセカンドハーベストジャパンが調理した弁当や、医療団体によるマスクや石けんの衛生用品も配布した。

他にも神奈川、千葉、茨城、栃木、山梨、群馬において、コロナの前はこども食堂やサロンへ提供していた余剰青果を、フードパントリーや配達等で生活困窮者へ提供している。一般社団法人くらしサポート・ウィズは、パルシステムグループと生活クラブ生協（東京）などが、社会的な課題を解決するため組織を超え設立した。消費者金融の利息が高く、多重債務者の自殺や一家離散が社会問題となった二〇〇六年に、相談機関生活サポート生協（東京）として発足し、二〇一七年に法律上の要件が厳しい生協法人から、一般社団法人くらしサポート・ウィズへ全事業を引き継ぎ、生活総合相談機関として活動しコロナ対応では以下である。

＊くらし相談ダイヤルのシステムを整備し、四月一〇日より常時三～六名（定時職員含め一二名体制）にした。四月の相談件数は一一一件でコロナ関連は六一件あり、子育てへの不安、夫の就業継続への不安、休校の子どもに対するストレス相談、交付金の申請方法などであった。専門相談は専門機関や支援団体や行政につなげ、答えのない不安の声は専門相談員が傾聴し寄り添っている。

＊文部科学省や日本学生支援機構に提出する奨学金問題対策全国会議の、「新型コロナウイルス感染症の影響に鑑み貸与型奨学金の返還期限の猶予を求める緊急声明」に賛同した。

＊コロナ災害緊急アクションをする労働組合、障がい者支援等の二三団体と連携し、厚生労働省、国土交通省、文部科学省への提言・協議の場として、四月に「新型コロナウイルス感染拡大に伴う生活困窮者や学生への支援強化を求める省庁との緊急の話し合い」へ参加した。

日本労働者協同組合（ワーカーズコープ）連合会

三月に以下の緊急声明「新型コロナウイルス感染拡大の危機に際して」を出した。

「（略）重要なことは、社会的な混乱を避ける努力である。そのためには、すべての人々の生命と人権を守る立場から、公的に①正確で科学的な知見が情報開示され、②その情報に基づく対処の指針が明示され社会的に共有し、③さまざまな困難と混乱に対する対策と保障が明らかにされることが求められる。

この間の対応は、上記の点から見ても不十分である。とりわけ突然に国からの全国一斉・一律の小中高校等の休校要請は、行政機関や関係する事業者、そしてあらゆる人々に混乱をもたらし、社会的不安を広げ高めている。これは基本的人権を侵害し、差別を助長しかねない事態である。

（略）私たちは、より多くの人々と協力・連携し、地域において感染拡大を徹底して防ぎ、人々の命と人権を守ることに全力を尽くす。そのためにも、現場で起きている混乱と困難を具体的に把握・共有し、危惧されるリスクを想定して行政に示し、徹底した協議を行い、公的な対策の推進を求めるとともに、自らも役割を果たしていく。組織内外での助け合い・支え合いを推進し、緊急対策と抜本戦略の両面から課題を整理し推進していく。（略）今回の事態は、食・農を含め、私たちが健康であるための生活文化を問い直し、地域における支え合いと共生の文化を日常的に醸成する必要性を示している。

私たちは、協同と共生を基本的価値とする社会、持続可能な地域を共通目標とし、過度な貧富の差や社会的格差と差別を是正し、かけがえのない個性を認め合い、幸福で人間的な豊かさを実感できる社会への転換を進める。

人間の社会は本来、自然と共存・共生する生態系の中にある。その中で育ち合い・学び合い・働き合い・暮らし合うという、コミュニティの基本原理に立ち返り、地域の産業と経済を創出していくことが求められる（略）」

この理念に沿い全国の約四〇〇の子育てや二〇〇の高齢者の施設で、利用者を守る取り組みがいくつも進んでいる。

他にも各地の生協において、小さくても創意工夫した取り組みがいくつも進んでいるし、今後もそうした動きがより拡がることだろう。

緊急事態宣言が解除になっても、全ての経済活動がすぐ再稼働するわけでなく、落ち込んだ雇用の悪化などにより元の暮らしに戻るためにはしばらく時間がかかる。このため組合員の家計は厳しくなり、特に地域生協に比べ資産の少ない大学生協や医療生協では、経営面で危機となる危険性がある。自力で工夫して経営を維持できれば良いが、それが難しければ県連や連合会などの連帯組織を通じての助け合いが必要になるかもしれない。

困難な時にこそ生協や連帯組織や労組などの各組織だけでなく、生協人一人ひとりの原点を再確認した取り組みが求められる。そのため困難な現状を関係する全員がまずは共有し、ていねいに議論を重ね具体的な課題を明らかにして実践することではないだろうか。

資料　「生協は今」の全リスト

〈資料について〉著者は、月刊「コープソリューション」紙での連載「生協は今」において、二〇一〇年五月号から二〇二〇年七月号まで、一二三本の記事を執筆したが、その見出しタイトルをまとめた。本書の第二部、第四部に収録した文章は、この連載記事から選出したものが初出である。

第二部　生協で生きてルポを書き続けたこと

第三部　「平和への希求」と未来を拓く「生協の産直」

［第三部「1　被爆ハマユウの祈り」出所］『広島・被爆ハマユウの祈り』（西村一郎著、二〇二〇年七月二〇日、四六判、同時代社）

［第三部「2　恩納村（沖縄）のネットワークづくり」出所］『沖縄恩納村・サンゴまん中の協同　恩納村漁協・生協・恩納村・井ゲタ竹内の協創』（西村一郎著、二〇二一年一二月一日、A5判、同時代社）

1　被爆ハマユウの祈り

一　被爆ハマユウ

①ハマユウ

ヒガンバナ科の常緑多年草であるハマユウは、日本では関東以西の暖地の海岸に自生し、初夏に白い花を咲かせます。花びらが細く裂け、和歌では浜木綿と書き、多くの細長い花びらが重なっていることから乱れる男女の心などの形容に用いました。万葉集で柿本人麻呂は、「み熊野の　浦の浜木綿　百重なす　心は思へど　直に逢はぬかも」と詠みました。み熊野（三重県と和歌山県）の浦に咲く浜木綿のように、幾重にもあなたを想うけれど、実際に逢うことはできなくて悲しんでいる恋歌です。

ところでここで紹介する被爆ハマユウは、ユリのように花びらが円錐になる別の種類で、長くインド・ハマユウと呼んでいましたが、最近はアフリカ原産との説が出ています。花は白とピンクの二種類があり、被爆ハマユウは白です。

ハマユウは生命力の強い植物で、肥料はいらず雨水と太陽光で十分に育ちます。我が家のある茨城県南部の平野では越冬も大丈夫ですが、雪の積もる地域では、鉢植えで冬期は部屋に入れておけば枯れる心配がありません。

被爆ハマユウを生んだ核兵器は、冷戦時代の一九八六年に世界中で七万発もありました。それが減ったとはいえ、二〇一九年で九ヵ国にまだ約一万四〇〇〇発あるとストックホルム国際平和研究所が発表しています。

また局地攻撃用に使用する低出力核と呼ぶ小型の核兵器が、ロシアやアメリカなどで開発されています。小型といってもアメリカの原子力潜水艦に配備予定の小型核弾頭は、爆発規模が五～七キロトンあり、一六キロトンの広島原爆や二一キロトンの長崎原爆より小さいけれど、同じ大被害をもたらします。

さらに言えば、同じ核分裂が原理の原発による事故の放射能の影響は、まだ東日本の各地で続いています。アメリカ合衆国のトランプ大統領のような、自国の利益最優先の政治家が誕生し、中近東や朝鮮半島などで武力衝突が懸念されています。奄美や沖縄や宮古列島などの琉球弧に、自衛隊や米軍の基地を増強する日本政府の動きもあります。

そうした不安定な中で人々が安心して暮らすことのできる社会にするため、一つのシンボルとして被爆ハマユウがぜひ多くの地で咲いてほしいと私は願っています。

②原爆の下で

一九四五年八月六日に人類の歴史が大きく変わりました。日本の軍都であった広島市に住んでいた三五万人の頭上で、世界初の原子爆弾が炸裂し、その年の一二月末までに子どもから老人までの約一四万人もが殺されました。市街地の上空約五八〇メートルで破裂した原爆は、中心の温度が最高摂氏数百万度で小さな太陽の火の玉となり、あたり一面に襲いかかりました。

人体への影響は大きく三つあり、一つ目は熱線です。爆心の地上では摂氏が三〇〇〇度から四〇〇〇度にもなり、六〇〇メートル離れた瓦は表面が泡状となって、二キロメートルで衣服に火が付き、三キロメートルでも樹木や電柱などが焦げたりしました。石段に座っていた人の影の跡とされる「死の人影」や、多くの人々を苦しめたケロイドなどにつながっています。

二つ目が爆風です。爆発の瞬間に数十万気圧となり、まわりの空気が膨張して衝撃波となって四方に走り、その後を強烈な爆風が襲いました。このため急激に気圧が変化し、目からは眼球が、口からは舌が、ヘソや肛門からは内臓の飛び出た人も少なくありません。市内の建物七万六〇〇〇戸は、全壊全焼六三％、全壊五％、半壊・半焼・大破二四％と、実に九二％が影響を受けて壊滅状態となっています。

三つ目は放射線です。あらゆる生物の奥深くまで入った初期放射線は、細胞内の遺伝子を破壊し、爆心から一キロメートル以内にいた人に致命的な影響を与え、また残留放射線は、生き残った人々だけでなく、救援にかけつけた人たちの命と健康にも大きなダメージを与えました。それらの放射線は、外部被爆だけでなく、呼吸や飲食などによる内部被爆にもつながり、後遺症は今でも続いています。

③ハマユウを比治山へ運んだ尾島良平さん

ところで爆心地から東へ約二キロメートルの地点に、市街地を見下ろす高さ七一メートルの小さな比治山があります。当時この一帯には、陸軍船舶部隊（通称暁部隊）砲兵団司令部の隊員約一五〇〇名が駐屯し、木造の兵舎などで暮らしていました。その一人が同司令部暁第六一八〇部隊に所属する兵長の尾島良平さん（一九一〇年〜一九七九年）で、現地自活班長をしていました。兵士になる前から花が好きで、ここでハマユウを育てていたのです。なおこの部隊は人数が多く、司令部は比治山にありましたが、爆心地から二二〇〇メートル離れ、比治山の西側にある段原町の旧広島女子商業高校にいた衛生教育隊を含め、広島市が一九七一年に編集した『広島原爆戦災誌（全五巻）』によれば、暁を冠した部隊は広島市内外に五〇以上もありました。

神奈川の農家出身で隊員の食事担当であった尾島さんは、ある日食材の買出しに出かけたとき、広島市の西にある己斐町の農家から、珍しいハマユウの株をもらいました。不足する食糧を増産するため畑で花の栽培を禁止され、廃棄するハマユウを誰かに育ててほしいとその農家は願っていました。そこに尾島さんが偶然通りかかったのです。事情を聞いた尾島さんは、兵舎の庭であれば誰も文句は言わないだろうと思い、比治山へとハマユウを運び、日当たりの良い場所を選んで植え成長を楽しんでいました。

④被爆ハマユウ

比治山も原爆の直撃を受け、買出しに出かける直前の尾島さんは、爆風で吹き飛ばされ胸の骨を折りました。しかし、偶然にも兵舎の陰にいたため、幸いなことに火傷はせず命に別状はありませんでした。それでも何人もの戦友が原爆で重症を負い、または死んでいきました。木造の兵舎は崩れ、葉をなくして枝だけになった木々が続き、その根元では羽根をなくした小鳥たちが、ピョンピョンとのた打ち回っていました。

戦争が終わり尾島さんは、九月上旬に除隊となり神奈川県で待つ家族の元へ帰りました。元気になりその年の一一月に比治山を再び訪ね、崩れた兵舎の前で亡き戦友たちを偲びつつ両手を合わせました。

ふと見ると、ガレキの間から細長い緑の葉が出ていたのです。ハマユウです。原爆でハマユウもダメになったものと尾島さんはあきらめていましたが、新しい葉を必死に伸ばして生きていたのです。

さっそくガレキを取り除き、土の中から球根と根を掘り出した尾島さんは、鎌倉市小堀谷の借家へと大切に持ち帰りました。

⑤破魔勇の旅立ち

庭にハマユウを植えて水を与えると、だんだんと元気になっていきました。翌年の初夏には一メートルほどの高さの茎の先に、被爆の前のように白い花を咲かせました。数年すると株の周囲に新しい株がいくつも出るので、移植すると増えていきます。

一九五二年に尾島さんは、鎌倉市岡本へ家屋を購入して引っ越し、ハマユウも全て掘り起こして移しました。新しい株を分けて、高台にある家の庭や傾斜地にも植えると、やがてたくさんのハマユウの白い花が家を囲むように咲き、尾島さんの家は「ハマユウ荘」と呼ばれるようになりました。

こうして増えた被爆ハマユウを、尾島さんは平和を祈念して各地に運んで植え、その一つが同じ鎌倉市にある大船観音寺の境内です。原爆の火を灯している石灯篭の傍で、被爆ハマユウは今も元気に育っています。なおここの慰霊碑は、広島と長崎の爆心地にあった石と第五福竜丸の遺品を添え、千羽鶴を刻んだ橇に乗せ、被爆者が平和の丘に向かう姿を表しています。

このような被爆ハマユウについて、尾島さんはいくつかの文書を達筆な筆で残しています。

まず一九六五年の「破魔勇の記」で、全文は以下です。

「此の浜木綿は戦争中広島市己斐西仲町の人橋本一太なる老人の栽培せるを余乞うて一株を暁六一八〇本部なる比治山に植え其の年の六月花を見ても昭和二十年八月六日の原爆にて市内と共に建築物は倒壊し草木は枯死し旬日にして終戦となり九月八日帰郷し十一月二日再び比治山を訪ねるに当時七十五年間は草木も生えぬとの風説を破り浜木綿のみ青々と繁るを見てその生きる力の旺盛さに愕き克つ喜び其の一株を持ち帰り庭に植え以来十星霜その子その孫と千を数えるに至る故に余は破魔勇と名付け朝夕心の鑑となす　昭和三十年六月　兵六識」

なお兵六とは尾島さんの愛用した雅号で、兵士のときの階級が最下位の二等兵から数えて六番目の位であったことから創ったものです。

一九七四年に尾島さんは、東京都立夢の島公園にある第五福竜丸の側に被爆ハマユウを植えるため、当時の美濃部亮吉都知事宛てに、「破魔勇贈植の念願」と題した以下の親書も書いています。

「此の度ビキニ環礁で米国の水爆実験の死の灰を浴びし福竜丸が東京都夢の島に安置され戦争を憎む象徴として永久に安置されその巡りの小公園となる事を喜び同じ運命をたどった破魔勇一株を福竜丸の船側に植え犠牲となった久保山さんの霊を慰め再度悲惨な戦争をしないよう恒久の和平を祈念する　一被爆者」

原爆にも負けなかったこのハマユウは、恐ろしい悪魔をも打ち破るほどの勇ましい力を持っているとし、破魔勇と書いて尾島さんは賞賛したのです。そして純白の花を咲かせほのかに甘い香りを漂わせる被爆ハマユウを、核兵器の脅威がこの世からなくなるまで、反核平和のシンボルとして世の中に広げる願いを強めました。

知り合いの被爆者が亡くなると、墓前に被爆ハマユウを持参し、尾島さんは平和への願いを込めて黙々と植えてきました。

なお尾島さんは、広島平和記念資料館が一九七四年と一九七五年に集めた「市民が描いた原爆の絵」に、「相生橋西側の顔半分が残った白骨死体」の絵（六〇センチメートル×八五・センチメートル）を出しています。原爆投下から一ヵ月後に、当時三四歳の尾島さんが、たまたま通りかかった爆心から三〇〇メートルの河原において、全身はすでに白骨化していましたが、土に埋もれていた顔の半分だけは皮膚が残り、仰向けにすると尾島さんをにらむように若い女性の片目が開いていました。尾島さんにとって一生忘れられないその場面を、白黒の絵で描いています。相生橋は、原爆ドームのすぐ北側にあり、本川（旧太田川）と元安川の分岐点に架かるT字形の珍しい橋で、原爆投下の目印になった説もあります。

一九七九年に尾島さんが六九歳で亡くなった後は、長男の真次さん（七三歳）が被爆ハマユウをしっかり守り育てています。また尾島良平さんの遺志をつなぐため、一九九五年に私が設立した被爆ハマユウ・クラブは、反核平和のため被爆ハマユウのさらなる普及に努めています。

同クラブは、被爆ハマユウを普及する任意の団体で、特別な会則や会費もありません。被爆ハマユウの子や孫や曾孫の株が各地へと広がり、一人でも多くの方が、少しでも平和な社会づくりを考えるきっかけになることを願っています。

ところで仏教の一経典である阿弥陀経の中に、白色白光とあります。白い色の花は白い光を放っており、青い色は青い光を、黄の色は黄の光を、赤い色は赤い光をとあり、それぞれが異なった素晴らしさを秘めていると教えています。

また仏教において白は重要な色で、世界の仏教のシンボルである仏旗または五色幕は、青・黄・赤・白・黒が基本で、白は仏陀の歯の色で清浄を表わしています。また白象は、お釈迦さまの生母であるマーヤ夫人の夢に出て、お釈迦さまの誕生を予言したといわれています。被爆ハマユウの白い花が放つ純白の光を、静かに一人ひとりが受け止めてほしいものです。

そのため以下で被爆ハマユウの、国内外にある各地の移植先を紹介させてもらいます。訪ねる機会があれば、被爆ハマユウによる平和への祈りを、心でゆっくり聴いてもらえると幸いです。

二　被爆ハマユウの祈り

被爆ハマユウは、これまで紹介した団体や地域だけでなく、他にも植わっている場所はいくつかあります。それでも紛争や災害などの数に比べると、まだまだ少ないと思います。地球上のどこでも人々が涙を流す争いもなく、誰もが幸せに暮らすことのできる時が、一日も早く来ることを私も被爆ハマユウも心から願っています。

小さな被爆ハマユウの大きな祈りは、一人でも多くの方が、第一に戦争や被爆などの事実をまず知り、第二にその背景としての社会構造を理解し、第三にたとえ小さくても各自のできることから取り組み、第四に被爆ハマユウと共に歩んでくれることです。

①戦争や被爆の事実を知る

第一に、これまでの戦争や被爆などの事実を知り、その悲惨さを忘れずに一人ひとりが記憶することです。各地に数多くの記録や記念碑などがあるので、見て想像することにより過去を理解することができます。もしくは体験者から話を聞くことも効果的でしょう。

厳しかった私の父は、第二次世界大戦で帝国陸軍の下士官として中国大陸で戦い、戦争が終わったとき戦犯として処刑されることを恐れ、自ら左目をつぶし傷痍軍人として帰国し私は生まれたのです。

二〇一五年の東京新聞「平和の俳句　戦後七〇年」に、以下の私の句と記事が載りました。

〈眼をつぶし　帰りし父は　土となり

高知で農業を営んでいた父の左目は義眼だったが、幼いころは気づかなかった。あるとき父が、農作業中に左目へ泥が飛んでもぬぐわなかったことから、義眼だと分かった。戦争で中国に行き、なんとか帰還するため、自ら目をつぶして傷痍軍人となったらしい。私にその是非は語れないが、死ぬまで黙々と田畑に向かい、働き続けた後ろ姿は、農業や平

和について考える私の原点となった〉
　早乙女勝元さんが強調したように、希望する方向に安全運転で車を進めるため、歴史はなくてはならないバックミラーであり大切です。

②社会構造の理解

　第二に、戦争や核兵器などが出現する社会構造の理解で、それらの原因まで追究することによって因果関係を知り、反戦反核の取り組みをより強めることができます。

　さらには戦争より視野を広げ、構造的暴力の理解も大切です。構造的暴力とは、一九三〇年にノルウェー生まれの社会学者ヨハン・ガルトゥングが、一九六九年に提案した暴力に関する新しい概念で、貧困・飢餓・抑圧・疎外など社会の不平等を、構造的で間接的な暴力としました。この考えは、社会的不正義の連鎖を明らかにして除去することが、戦争でない狭義の平和だけでなく、広義の平和を実現させる概念として新鮮でした。

　こうした構造的暴力に注目することは、最近のＳＤＧｓにもつながります。ＳＤＧｓは、二〇一五年の国連サミットで採択した「持続可能な開発のための二〇三〇アジェンダ」で掲げた、二〇一六年から二〇三〇年までの国際目標です。持続可能な世界を実現するため、貧困、飢餓、生活と福祉、教育、ジェンダー平等、水と衛生、近代的エネルギー、経済成長及び雇用、インフラ構築持続可能な産業化、不平等、都市及び居住、生産消費、気候変動、海洋と海洋資源、陸域生態系、社会、グローバル・パートナーシップの一七のゴールで構成し、世界の誰も見捨てないと誓っています。

　表面に現れる形はそれぞれ異なっていても、根が同じ社会構造になっていることの理解が重要です。

③各自にできることからの取り組み

　第三に、たとえどんなに小さくても、各自にできることからの取り組みが大切です。平和な社会をつくるためには、時の政府に国民本位の政治をさせることはもちろん重要ですが、あわせて政治以外にも個人の力で実現できることはいくつもあります。

　戦争や紛争などは、民族や宗教の対立とマスコミでは表現しますが、突き詰めると石油や天然ガスなど資源の利権の争いで、過剰な富の集中が原因です。

　世界の経済を主導している資本主義は、時代や地域によっていくつかのタイプに分かれたり複合化して今日に至っています。戦後の日本に影響を与えているアメリカは、金融資本主義とも呼ばれ、暮らしや社会を豊かにする本来は道具であった経済が、逆転して目的になり富の集中を過剰に強めています。社会の一部であった経世済民の経済が、今や文化や政治だけでなく社会全体をも動かしています。戦争や核兵器に関わる軍需産業だけでなく、ごく一部の国際金融資本家に莫大な利益が集まる反面、富の再分配の機能が不十分で、多くの庶民は貧困にあえいでいます。例えばアメリカでは、安心して医療機関を訪ねることのできない健康保険未加入者は二七五〇万人で、路上など厳しい環境で寝起きするホームレスは五七万人もいて、新型コロナウィルス感染の脅威にもおびえています。

日本も含めた金融資本主義の社会では、お金・グルメ・酒・旅行・ファッション・健康・美容・ギャンブル・セックス・情報など、個人の欲望を限りなく刺激し、過剰な生産・消費・廃棄へとつなげて無駄をいつも促し続け、浪費の資本主義と呼ぶ人もいます。

そこで浪費しない暮らしを各自がすれば、金融資本主義へ抗することになり、その動きが大きくなれば、やがて経済が本来の道具に戻り、誰もが安心して暮らす社会に近づくことでしょう。

④被爆ハマユウと共に

第四に、被爆ハマユウと共に歩むことです。

かつて学校で私たちは、時代と共に科学や産業などは進歩し、連動して人々の暮らしは豊かになり幸せになってきて、これからも続くと学びました。時代が江戸から明治へ、明治から大正・昭和・平成・令和と経た今、確かに家電製品は増え、交通機関などの社会基盤は拡充し、深夜にも利用できるコンビニ店は各地にあるなど、暮らしが楽になったことはいくつもあります。

それでも楽になることが、全て幸せになったか考えると、どうも違うのではないでしょうか。私たち庶民が、時代とともに安心して暮らしてきたのか省みると、明治時代から増えた外国との戦争もあれば、第二次世界大戦後はアメリカ軍の自由に出撃する基地が、沖縄や首都圏など各地に今も存在するし、歴代の政権が否定した集団的自衛権を最近は認め、軍隊である自衛隊の海外派遣緩和も進めています。また福島の東電第一原発事故では、津波の前に地震ですでに原発のトラブルを発生させており、地震大国の我が国は同じ過酷な被害を他でも発生させる危険性があります。

自らの将来に希望が持てないから、日本では結婚や子どもの数が減り、国の人口も二〇〇四年の一億二七八四万人をピークに減少傾向となっているし、いじめや引きこもりや自殺などの社会問題も続いています。そうした中で、一人ひとりがどんな社会を求め、どう主体的に人間らしく生きていくのかますます問われているのではないでしょうか。

そうしたときに被爆ハマユウと共に歩むことは、三つの意義があると私は考えます。

一つ目は、尾島良平さんが被爆ハマユウを破魔勇と書いたように、原爆にも負けないたくましい自然の生命力を、一人ひとりが内部に持っている自覚です。魔の漢字は、人を痺れさす麻と鬼との合成で、それを破る勇ましさを被爆ハマユウは持っているとしました。戦争や核兵器につながる大きな魔もあれば、個人の欲望を刺激して浪費をあおる小さな魔もいます。こうした魔を破る力を被爆ハマユウは持ち、同じ生物の一つで植物より高度な人も、同様のすばらしい力を備えていると私は信じます。

二つ目は、文化を秘めた被爆ハマユウを愛でることにより、多様な価値観を共有することです。それぞれの存在する意味を理解すれば、相手を否定せず共に生きる気持ちになることでしょう。

戦争や紛争といった対立は、双方が武力による決着をめざしますが、日本を含め世界の歴史は、それらが本質的な解決にならないことを示しています。『新約聖書』で、「剣を取る者は皆、剣で滅びる」（マタイ二六章五二節）と教えている通りです。

このため武力で威嚇する政治でなく、文化や経済や人など多様な交流で国家間のつながりを密にすることが、本当の安全保障になるとの考えが世界に広がりつつあります。

イギリスの国際戦略研究所（ＩＩＳＳ）は、『ミリタリー・バランス二〇二〇版』において、二〇一九年の世界の軍事費は前年より四％増え約一九〇兆円と発表しました。日本の一般会計の二倍近い莫大な金額を、教育・衛生・反地球温暖化・子育て・防災などにもしも使うことができれば、世界の人々の暮らしが大きく改善することは間違いありません。三つ目は、被爆ハマユウの歩みを知り、自然の一つである植物と人間とのつながりを通し、出会いや関係性の大切さを理解することです。

どんなに優秀な人でも、一人だけで生きていくことは決してできません。日々の衣食住だけでなく、文化や情報やエネルギーなど、どれも多くの人や自然が深く関わっています。人間と人間の関係や人間と自然との関係もあれば、さらには過去・現在・未来の時間軸や、家庭・学校・職場・地域・国・世界・宇宙といった空間軸での関係も大切です。

誰もがこうした関係性の中で生きているし、同時に生かされていることを知れば、他人や自然との関係をより大切にして、自らの生活や成長にも反映していくのではないでしょうか。

こうした被爆ハマユウの祈りが、これからもぜひ各地に広がってほしいものです。

三　あとがき

私の人生の三原則である「歩く、聴く、書く」に沿って、今回は被爆ハマユウについてまとめました。いずれ自由に歩くことができなくなった時に、人生の総仕上げとして、被爆ハマユウの本を書くと以前から決めていました。それでも七一歳になった私は、いつ認知症や事故などで書くことができなくなるか分からないので、可能なとき仕上げることにしました。

さらには沖縄の辺野古や伊江島を訪ね、着々と進む軍備の増強を目の前にし、早めに被爆ハマユウの本をまとめることにしたのです。

被爆ハマユウと私は、一九九五年からの付き合いですからすでに二五年がたっています。各地へ届けるため使った日数と金額は、かなりの量になります。ときには日本の許可書を持参しても、外国の空港で独自の検疫が必要と、持っていったハマユウを没収され悔しい思いをしたことも数回ありました。

それでも被爆ハマユウを通して、各地で素敵な方たちに必ず出会うことができ、私はいつもワクワクし、掛けた時間や費用に勝る喜びがいくつもありました。そのためこれからも私は、一本でも多くの被爆ハマユウを各地へ届けたいと願っています。

広島で被爆したハマユウは、鎌倉を拠点にして国内の各地に届き、さらには海外へと歩んできました。それらを私は次の讃歌にさせてもらいました。

被爆ハマユウの祈り

あおい空　モミジはもゆる　比治山に
背伸ばし　白い花咲く　ハマユウよ
ピカは落ち　ガレキの下から　みどりの葉
太陽と雨　根をたくましく
広島の祈り　生き抜く力

いにしえの　歴史はかおる　鎌倉へ
夏空に　白い花咲く　ハマユウよ
戦止め　悲しみを消し　優しさひろく
月山風と　みんなを友に
日本の祈り　つながる心

わらべ泣き　涙流るる　国へ行き
魔を破り　白い花咲く　ハマユウよ
宇宙の虹　あまねく光り　隅まで照らす

友愛と慈悲　深くかおらせ
世界の祈り　微笑む命

平和な社会をつくるためには、人文・社会・自然の各科学の学問が大切であることはもちろんです。こうした文字で表現できる人類の英知と同時に、それら全体を温かく包み込み支えるものとして、文字には表現できない全てを慈しむ大きな祈りがあると私は考えています。祈りのない経済が、富を集中させて格差社会を広げテロや戦争の要因になり、祈りのない科学や技術が、兵器となって多くの人々を殺し苦しめ、祈りのない政治が社会をゆがめ多くの生活困窮者を出しています。

大きな天災や人災に遭遇した人は、圧倒的な力に押しつぶされそうになりますが、岩に爪を立ててでもよじ登るように、どうにかして生きようともがきます。そうした矛盾の中でも、歩む勇気を与えてくれるのは心からの祈りであり、また自然を含めた他者との関係性にあると私は考えます。

自然やあらゆる命を尊重する人々が、古代から天や山などに向け合掌し祈ってきたように、私も被爆ハマユウと今後も祈りを続けたいと念じています。

厳しい出版業界の中で、この本を出してもらった株式会社同時代社の川上隆代表に、心から感謝します。そして何よりも最後まで読んでいただき、誠にありがとうございました。

二〇二〇年六月二〇日　利根川の畔で新型コロナウイルスとの共生を考えつつ

西村一郎

2　恩納村（沖縄）のネットワークづくり

一　モズクでつながる

第四回恩納村コープサンゴの森連絡会総会

沖縄の守り神であるシーサーが、笑顔で右手を挙げ招いています。後ろの白い砂浜の先には透明感のある薄いパステルブルーがあり、その沖に濃いコバルトブルーの海が広がっています。沖縄本島の中部にある恩納村海浜公園のナビビーチの映像が、しばらくモニターに流れていました。

「ただ今から、第四回恩納村コープサンゴの森連絡会総会を始めます。例年のように恩納村に集まることはコロナの影響で残念ながらできず、今年はリモートで全国各地の皆さんとつながっています。初めての試みで、私も緊張していますがよろしくお願いします」

モズク加工の株式会社井ゲタ竹内常務取締役の竹内周さんが、コロナ対応でマウスシールドを着け手にしたマイクに向かって話し始めました。

二〇二〇年（令和二年）一二月上旬の午後は、日差しが強く半袖でも暑いくらいでした。恩納村の「ふれあい体験学習センター」から、「恩納村コープサンゴの森連絡会」の各生協などとインターネットでつながっていました。

この連絡会は、恩納村のモズク利用でサンゴ再生を支援し、協同の力で海の環境を守り豊かな里海づくりをしています。

私にとっては、一ヵ月前のコープ中国四国事業連合（コープCSネット）による基金贈呈式につぐ二回目の恩納村訪問で、恩納村漁協・各地の生協・恩納村・井ゲタ竹内の素晴らしい協同に触れることができ、今回もワクワクしていました。

リモートでつながっている各地の生協は以下です。

①東海コープ事業連合、②コープ北陸事業連合、③コープこうべ、④コープ中国四国事業連合、⑤鳥取県生協、⑥生協しまね、⑦コープやまぐち、⑧コープかがわ、⑨おかやまコープ、⑩コープしが、⑪大阪よどがわ市民生協、⑫京都生協、⑬アイチョイス、⑭コープぎふ、⑮コープみえ、⑯パルシステム連合会、⑰パルシステム東京、⑱パルシステム神奈川、⑲パルシステム千葉、⑳パルシステム埼玉、㉑パルシステム茨城栃木、㉒パルシステム福島、㉓パルシステム新潟ときめき、㉔パル・ミート。他には恩納村役場、恩納村漁協、鳥取大学にも通じていました。

竹内さんの後ろの大きな窓は、琉球紅型のオレンジ色の布で覆い、中央には一メートル四方の紺の旗があり、白抜きのサンゴと魚のイラストの下にはfor coral protection（サンゴ保護のために）とありました。

連絡会の会長であるパルシステム連合会専務理事の渋澤温之さんが、東京から開会挨拶をしました。

「コロナが収束しない中、オンラインで全国とつながって総会を開催できることに感謝します。オンラインを有効に使うことで、これまで会えなかった遠くの方とも会話ができるなど、逆にチャンスとすることもできます」

連絡会事務局長でコープCSネット専務の塩道琢也さんは、広島市から二〇二〇年度の活動報告をしました。

「おかげさまでサンゴの養殖は、今年の予定本数二九八〇本を合わせると累計で約三万五〇〇〇本になります。顔が見え心の通い合う関係を生協は大切にしてきましたが、コロナ禍により新しいつながりを試行することになりました」

次にパルシステム連合会常務執行役員の高橋宏通さんから、「コロナ禍における産地と消費者をつなぐ取り組み」のテーマで事例報告がありました。

「いつでも誰でもどこでもリモートで、組合員交流や産地交流のできる取り組みをしてきました。オンライン交流会の注意点は、システム・テレビ会議との違い・器材・役割りと任務・シナリオ・リハーサル・チャットで質問の受付けです」

連絡会顧問の恩納村の長浜善巳村長は、白地にブルーのアクセントが付いた沖縄の正装のかりゆしウェアで、村の状況を報告しました。

「今年の三月からコロナの影響が出て観光客がいなくなり、村の風景が一変しました。それでも村の漁協やダイビング協会と協力し、海の清掃を一ヵ月間して数十トンのゴミを集め、海の現状や私たちの活動の大切さを改めて実感しました。

また全国の皆様が、いつかは来ていただける日が必ずあります。マッチョイビンドー（お待ちしております）」

次は恩納村漁協前青年部長の金城勝さんがビデオに登場し、陸にセットしてある大きな水槽で網へのモズクの種付けや、種付けした網を船で海へ運ぶ様子を伝えていました。移動中の網は、布で覆い海水を掛けるなど温度管理をしています。

画面が変わり今度はリモートによるライブ配信で、恩納漁港のサンゴハウスからの中継となりました。軽量鉄骨製の細長い小屋の中に、間口四メートルで奥行き二〇メートルほどのコンクリート製の低い水槽があり、色とりどりの魚やサンゴがいました。

井ゲタ竹内で営業担当の道端和陽さんが、自撮りのスマホで全国に繋いで解説をしてくれました。

「ナマコなどに触ることのできるこのタッチプールは、全国の生協から来た組合員さんたちが、サンゴの苗をセットする場所でもあり、また村の小学生たちも授業で訪ねたりしています」

恩納村漁協の海ブドウ生産部長の与那嶺豊さんが、水槽の案内をしてくれました。

「養殖用の基台にセットしたサンゴの小さな苗は、ここで一週間ほど養生してから海へ移し、三年経つと大きくなって産卵するようになります。ある大学の研究室に協力してもらい、サンゴがどれだけ二酸化炭素を吸って酸素を出すのか調べています」

休憩の後は、恩納村の直売所「なかゆくい市場」を運営する株式会社ＯＮＮＡ社長與儀繁一さんから、恩納村ブランドの紹介がありました。

「恩納の恩は『めぐみ』とも読み、村の恵みを心込めてお届けするため、黒ビールとパッションフルーツ風の赤ビール、パッションフルーツ・ティー、スープカレーを販売し、これからも恩（ＭＥＧＵＭＩ）シリーズを出していきます」

各商品は、会場の大きなテーブルにパイナップル・マンゴ・スターフルーツと一緒に並べ、ほのかな甘い香りが漂っていました。

次は「蜂蜜とサンゴのプロジェクト」（Honey & Coral Project）について、恩納村環境コーディネーターの桐野龍さんからの報告でした。

「サンゴ礁の海を守るミツバチのプロジェクトで、サンゴに悪影響する赤土流出を防ぐため農地の周囲に植物を植えます。その植物の花からミツバチで蜜を集めて商品とし、またはイネ科の一つのベチパーを使って正月用のしめ縄にもします。残念ながら死滅した養殖サンゴを、中央に付けた独自のしめ縄です」

テーブルの上には、そのしめ縄も飾ってありました。

次のメッセージはアメリカからで、環境に配慮したサーモンの資源管理をしている男性が、会場の通訳者を通して貴重な活動を伝えてくれました。

二時間ほどで予定した報告は全て終わり、連絡会副会長でコープCSネット理事長の小泉信司さんが、沖縄のお酒である泡盛のボトルを高くあげ広島から閉会の挨拶をしました。

「二時間も有意義で楽しい総会をお疲れ様でした。届いている飲み物を、各自で持ちカメラに向かってください。私は、飲みませんが泡盛でいきます。ではカンパーイ！」

全国の参加者には、ハニー&コーラル・プロジェクトの蜂蜜一〇グラム、沖縄県産のシークヮーサージュース三五〇ミリリットルと水のペットボトル五〇〇ミリリットル、恩納村内で製造の泡盛萬座古酒二〇〇ミリリットルが届き、好みの飲み物を笑顔で手にしていました。

オンライン画像による記念撮影があり総会は終了しました。

海外を含め約三〇ヵ所の集合画面を見ながら私は、恩納村のモズクとサンゴを心にした取り組みが、いくつもの協同による地域づくりへつながっていることに感激したものです。

協同がよりよい社会を築く

この連絡会には大別すると、生協以外に恩納村の漁協と役場や井ゲタ竹内の四団体が登場し、モズクとサンゴについて恩納村漁協は生産と再生を、生協は消費と支援を、恩納村役場は環境を、井ゲタ竹内は商品化の役割りをそれぞれが担っています。この四者が、いくつもの協同で発展させてきた恩納村のモズクとサンゴには、偶然を必然に変えた物語があり、同じ夢を仲間と見る人たちがいます。

個人で見る夢は幻にもなりますが、仲間と一緒に見る夢は協同して実現する一歩となります。

恩納村における養殖モズクの流れを年代でみると、大きくは以下の三区切りで今日へ発展しています。

①一九八四年（昭和五九年）からの養殖モズクの基礎創り：恩納村漁協と井ゲタ竹内の協同

②二〇〇五年（平成一七年）から生協への販路を確保した商品の流通‥生協と恩納村漁協と井ゲタ竹内の協同

③二〇一〇年（平成二二年）からモズクとサンゴの取り組みが恩納村全体の活性化へ‥恩納村と生協と恩納村漁協と井ゲタ竹内の協同

まるで三段跳びのホップ・ステップ・ジャンプのように、恩納村のモズクとサンゴの取り組みは力強く進んできました。

モズクの取り組みが前提となり、二〇〇八年（平成二〇年）に生協しまねにおける〈もずく基金〉設立によって、サンゴ再生支援の輪は各地の生協へと広がり、二〇一六年（平成二八年）の環境大臣賞にもつながっています。モズク利用の個人の食事が社会テーマであるサンゴ保護の環境保全へと大きく発展し、これこそ生協法で国民に求められている生協の役割りの一つです。

ところで複数の人や団体が互いに助け合う協同の考えは、行き過ぎた経済優先の競争社会において、いくつもの問題を解決するため各方面から注目されています。

一例が、協同組合を世界中で普及させるため国連が決めた二〇一二年（平成二四年）の国際協同組合年で、スローガン〈協同組合がよりよい社会を築きます〉と宣言しているのです。一八九五年（明治二八年）設立の国際協同組合同盟（ＩＣＡ）には、一一二ヵ国から農業、漁業、林業、購買、金融、共済、就労創出、医療、旅行、住宅など三一八の組織が加盟し、組合員総数は一〇億人にもなります。

組織や人における競争は、勝ち組と負け組をつくって上下関係にし、格差や不安を広げ社会や人々を分断します。これに対し協同は、対等で平等な関係を大切にし、誰もが安心して夫々の力を発揮することができます。このため国際協同組合年のスローガンを発展させ、「協同がよりよい社会を築きます」としても良いでしょう。

そうした協同は、一つの絶対的な進め方や形があるわけでなく、関わる人や団体の諸条件に応じて多種多様で、また環境の変化によっても変わります。複数の協同組合の間では協同組合間協同があり、例えば消費生活協同組合と農業協同組合（ＪＡ）は、農作物の産直において全国各地で連携しています。さらには生協と志を同じくする会社や行政などとも、いくつも形を変えた協同が存在します。それでも食料に関わる協同では、協同組合間協同と会社の参加が一般的で、行政が加わることはほとんどありません。

ところが恩納村のモズクとサンゴを中心にした協同は、恩納村コープサンゴの森連絡会の設立だけでなく、村による「サンゴの村宣言」や内閣府によるＳＤＧｓ未来都市認定などにも発展し、行政も含め地域おこしの貴重な成果をあげつつあります。国連が提唱するよりよい社会をつくる貴重な事例でもあり、これからの協同の一つのモデルになります。

恩納村のモズクとサンゴに関わる四団体のいくつもの熱い協同を紹介させていただき、取り組みのさらなる広がりにつながってほしいし、他の団体にとってもきっと参考になることでしょう。

生協と恩納村漁協と井ゲタ竹内との協同

こうして恩納村漁協と井ゲタ竹内の強い信頼関係による協同で、モズクの安定した商品を作る基礎が整いました。次はモズク商品の安定的な販売先として生協が加わり、三者による新たな協同の輪の広がりで生産量も増えていきました。

各地で食品を販売しているデパートやスーパーマーケットなどへも、井ゲタ竹内はモズク商品を納品しています。営利優先の一般の小売店は、競争に勝って会社経営を続けるため過度な低価格にこだわり、井ゲタ竹内に無理な値下げを求めることもありました。時には立場は店が上で、生産者や食品メーカーを下にする下関係です。

ところが生協は、価格だけでなく生産者や環境にも注目し、生産者や食品メーカーと対等の関係で取り引きをしています。このことが生協と井ゲタ竹内の信頼関係となり、恩納村漁協との協同にもつながっていきました。

恩納村モズクの第二段階のステップである二〇〇五年（平成一七年）からは、恩納村漁協と井ゲタ竹内に生協しまねがまず加わり、協同によって恩納村のモズクの販路を確保して商品の流通が広がりました。さらにはモズク商品の利用による独自の基金を集め、豊かな海にするサンゴの再生事業を支援してきました。

こうした取り組みは、パルシステム連合会・コープCSネット事業連合・東海コープ事業連合・コープこうべ・京都生協などへ広がり、協同の輪はさらに拡大していったのです。

生協とは

生協は、一九四八年（昭和二三年）の消費生活協同組合法（生協法）に基づく組織で、協同組合を意味する英語のコーペラティブ（Co-operative）から、コープやCO・OPと表現することもあります。生協法は、国民の自発的なくらしの協同組織である生協を発達させることを通じ、国民生活の安定と生活文化の向上を目的にしています。消費者が経営に必要な出資金を出して組合員となり、暮らしを守り豊かにする事業や運動を互いに助け合って運営する非営利の組織です。

日本における生協の歴史は古く、一八七九年（明治一二年）に東京で共立商社と同益社や、大阪に共立商店の各消費組合が誕生しましたが、長くは続きませんでした。今日のコープこうべに発展した神戸購買組合と灘購買組合は一九二一年（大正一〇年）に、一九二六年（昭和元年）に東京学生消費組合が、一九二七年（昭和二年）に江東消費組合がそれぞれ設立しています。

日本生活協同組合連合会によれば、二〇二〇年（令和二年）度で全国各地の地域や医療や共済や大学などで五六一の生協があり、二九六三万人もの組合員がいるので、国民の世帯では約三分の一が生協に加入しています。

生協しまねと恩納村のモズクの関わり

一九八四年（昭和五九年）設立の生協しまねは、島根県下における共同購入事業を通して、食生活を中心とした組合員の暮らしを豊かにし、井ゲタ竹内との取り引きがあり隠岐の島産モズクなども扱っていました。二〇〇五年（平成一七年）に生協しまねで常務だった塩道琢也さんは、いくつかの産地を訪ねて相互理解を深め、その一つとして井ゲタ竹内の案内で恩納村漁協を訪ね、その当時を語ってくれました。

「産直などをしている一〇ヵ所ほどの生産地へ行き、取り引きが発展するためのあいさつ回りをしていました。初めての恩納村訪問でモズク生産の現場を見させてもらい、皆でいくつもの工夫や苦労し生産していると知って驚きました。

漁協の比嘉さんからモズク養殖の話をいくつも聞かせてもらい、一時間の予定が三時間にもなったものです。比嘉さんを含め漁協の前向きな姿勢にすっかり意気投合し、翌年の生協しまね二〇周年フェスタへ漁協の人たちに参加していただき協力関係ができました。その頃の画期的な協同は、お弁当用のミニパックモズクを生協組合員の協力で商品化したことと、モズク商品の販売でサンゴ再生の『もずく基金』を作ったことです」

お弁当用モズクと「もずく基金」は、今に続く貴重な協同です。

そして生協との取引を進めている竹内さんが語ります。

「首都圏の生協の担当となり、組合員さんが自分たちの生活を守っている姿に、私もたいへん触発させられました。生協では世のため人のためになることと経営が両立し、私にもできると確信して生協との取り引きをさらに強めていきました。

トレーサビリティを活用し、生産者一人ひとりに品質評価の『おい信簿』を作るなど、各自の自立の後押しをさせてもらっています。一九九八年（平成一〇年）の世界的なサンゴの白化を契機に、里海の再生と継続的な漁業のため『サンゴ基金』を全国の生協に呼びかけました」

生協との出会いは竹内さんにとっても大きな意義があり、利用者のための努力が伝わってきます。

二　サンゴでつながる

サンゴとは

たくさんのサンゴが育つ豊かな海で、魚介類とモズクなどの海藻類は元気に成長すると言われています。そのため恩納村漁協では、岸に近い干潟部はアーサ養殖場とし、次はモズクの中間育成、モズク養殖、シャコガイ養殖、サンゴ養殖と各漁場を沖へ向かい帯状に配置しています。こうしてモズクやサンゴの養殖では、多くの生き物に棲み家と食物を提供し、生態系を育む里海づくりに役立っています。

そうした大切なサンゴが、地球温暖化やリゾート開発の影響を受けて激減した時期もあり、サンゴ養殖は恩納村漁協の重要な取り組みの一つです。

なおサンゴは、クラゲやイソギンチャクと同じ刺胞動物の一種で、食べ物と排泄物が同じ口から出入りする腔腸動物です。サンゴの体内に共生する褐虫藻の働きで、植物と同じく二酸化炭素を吸収して酸素を作ります。その吸収率は一平方メートルあたり四三キログラム／年といわれ、植物よりも大きな働きをし、海の浄化や天然の防波堤の役割もあり海中だけでなく地球にも貢献しています。

こうしたサンゴは世界に約八〇〇種類あり、二〇〇種が生息する沖縄の海域は世界的にも注目されています。

サンゴの再生

二〇一七年（平成二九年）に参事となった比嘉さんは、以前からサンゴの研究と保全にも努め、二〇一八年（平成三〇年）の「漁協によるサンゴ再生の取り組み〜沖縄県恩納村での事例〜」で、日本サンゴ礁学会の論文賞を受けました。また二〇一九年（令和元年）に、里海の価値の協創と沖縄の地域特性を活かした里海づくりがテーマの里海交流大会in恩納村で、「恩納村におけるサンゴ礁の海を育む活動」の題で以下を報告しています。

〈サンゴ礁保全のため恩納村漁協では、大規模事業所の汚水排水のチェック、赤土流出防止対策、オニヒトデ駆除をしてきました。またサンゴ礁を守るため、一九九八年（平成一〇年）からサンゴ養殖やサンゴの植え付け、親サンゴが産卵する「サンゴの海を育む活動」をしています。その一つに海底へ立てた鉄筋の上で、サンゴを育成する「サンゴひび建て式」があります。

養殖サンゴは、二〇一九年（令和元年）に約三万群体で、二日間の産卵で約三五億の幼生が出て、住んでいる魚は三三種で約八四万匹と推定しました。二〇一六年（平成二八年）の夏に、高水温で多くのサンゴは白化しましたが、養殖サンゴは天然より高い生存率でした。海底より上に養殖サンゴがあり、流れがよく当たりサンゴの裏にも光が射し、褐虫藻が元気に働いているからと思います〉

なお「ひび建て」とは、ノリやカキの養殖で胞子や幼生を付着させる海中に立てる竹や小枝のことで、恩納村では鉄柱と樹脂製のパイプを使用しています。

重要なサンゴ養殖ですが漁協単独では限界があり、二〇〇三年（平成一五年）に恩納村・村内事業所・県内の観光関連事業者と連携し、恩納漁港の沖にサンゴの植え付けをしました。また二〇〇四年（平成一六年）に、漁協や沖縄ダイビングサービスLagoonの協力と、環境省・沖縄県・恩納村の後援で「チーム美らサンゴ」結成し、サンゴの植え付けツアーや美ら海を大切にする活動もしています。

サンゴの父

サンゴの養殖も銘苅さんは深く関わり、村で「サンゴの父」と呼ばれている本人から聞きました。

「長年海に潜りサンゴは当たり前にあるもので、白化したときは大変だと感じましたね。サンゴが死ぬと、きれいだった海水が濁ってしまうのですよ。大事なサンゴを、昔から増やしたいと考えていました。最初は学者が、水中ボンドでサンゴを岩に着ける方法を提案してきました。日焼けして失敗するのは分かっていましたが、実験するとやはりダメでした。

そこで学者に頼らず自分で考え実験しても期待する結果は出ず、また次を工夫する繰返しでした」

サンゴを切ってアンカーボルトでコンクリートに埋め込んでも育たず、ひび建ての先に乗せる基台の素材や形を工夫し、固定する針金を鉄からステンレスにするなどしています。さらには他の海人にも協力してもらって作業性も点検し、結果を比嘉さんに報告して次の実験へとつなげてきました。

その結果、養殖サンゴの生存率が九〇％の安定した方式に到達したのです。

銘苅さんの抱負を聞きました。

「採る漁業と育てる漁業と観光漁業のバランスで、村の漁業は今後も発展しますよ。そのため子どもたちに、海岸で遊ぶだけでなく海の中をのぞいて興味を持ってほしいですね。海ぶどうやモズクやサンゴの養殖に関わり、私はいつも裏切られる連続でした。実験は互いの騙し合いで、ずっと面白く続けることができました。苦しかったですが楽しかったですよ」

儒教に「苦しい中にも楽しさがある」との苦中有楽の教えがあり、体験から銘苅さんはつかんでいます。

サンゴ養殖の技術は、サンゴ礁内で確立していますが、深い外洋の境の嶺や外の斜面では、環境が異なりまだできていません。また恩納漁港にある海ぶどうの養殖施設の水槽で銘苅さんは、ウニ養殖の実験中でまだまだチャレンジは続きそうです。

なお一九九九年（平成一一年）結成のサンゴ養殖部会は、銘苅さんが今の代表者です。

恩納村漁協青年部

恩納村漁協の発展には、三九歳までの海人による活発な青年部が貢献してきました。二〇一三年（平成二五年）に青年部長で、二〇一六年（平成二八年）には漁協理事になった金城勝さんから聞きました。なお勝さんは、二〇一九年（令和元年）に沖縄県漁協青壮年部連絡協議会会長となっています。

「一九九一年（平成三年）に村で全島万座ハーリー大会がありました。計一一人で競うハーリーは、個人の体力とチームワークも大切で、夕方六時に前兼久漁港へ集まり、二時間は練習して汗を流した後は、ビールや島酒を飲みながら懇談し、大会に向け皆が一所懸命に練習し見事に優勝したものです。

懇談ではハーリーだけでなくモズクなどの漁業も話題にし、問題や改善について率直な意見を自由に出し青年部全体のやる気を高めました」

楽しいおしゃべりを意味する沖縄方言のゆんたくで、伝統的な舟の競争のハーリーは、海の安全と豊漁を祈願する行事です。

漁業の現状を良くするため青年部は、村外の人と交流して学んだと勝さんは話してくれました。

「以前はたまに井ゲタ竹内や生協の人が漁協に来ても、何のためかまるで私たち海人には分かりませんでした。

海人へ外部との交流を漁協がすすめるようになり、消費者や井ゲタ竹内の話を聞くため各地へ出かけ、大切な食べ物を作っている自覚を私達は高めました。青年部の研修費を稼ぐため採った魚介類を村の祭りで販売し、交流を始めて三年ほどで海人は、生産者から消費者の目線へと意識改革をしました」

恩納村漁協の教訓と生協への期待

漁協変革の教訓を比嘉さんから聞きました。

「一九八七年（昭和六二年）に漁協地域漁業活性化計画を作り、それに沿って取り組んできたことが大きいですね。最初は計画書の作り方が分からず、県からの指導に沿って資料を並べていましたが、自分たちで恩納村の漁業をこうしたいと具体的な内容に変えていきました。

私は大学で生物と同時に社会もきちんと見ることの大切さを教わり、また物事循環を合理的に管理するマネジメントサイクルのＰＤＣＡも学んだので、これらを漁協の計画に利用しました」

経営でよく使うＰＤＣＡは、目標を目指して①計画（Plan）、②実行（Do）、③評価（Check）、④対策（Action）を具体化し、期間を決め一回転させて次のサイクルにつなげます。

二〇〇〇年（平成一二年）策定の美海ＰＡＲＴ2では、「組合員の幸せ」と「海を中心とした村作り」が目標で、美海計画→整備→生産→販売とＰＤＣＡの考えで課題を並べています。こうした合理的な経営手法も利用し、漁協の事業を進めています。

生協への期待についても比嘉さんは語ってくれました。

「私たちは太モズクだけを育てる方が、生産性は高くて経営的には楽なのです。それでも糸モズクをあえて作るのは、内地の食べ物で豊かな食文化に貢献するためです。

同じ協同組合の生協の皆さんは、生活と食文化も大切にして私たちをきちんと理解していただき、一般のスーパーマーケットなどはできないことでたいへん感謝していますよ。これからも生協とぜひ協力していきたいものです」

比嘉さんの誠実さが、ここでも良く伝わってきました。互いが助け合う協同組合の相互扶助の精神であり、沖縄の言葉ではゆいまーるそのものです。

三　サンゴ再生の教訓を地域の活性化へ

恩納村と生協と恩納村漁協と井ゲタ竹内の協同

二〇一〇年からの第三段目のジャンプは、恩納村漁協と井ゲタ竹内と生協に恩納村役場が参画し、四団体の協同によるサンゴ再生を基礎に地域の活性化が大きく進みました。モズク利用の基金でサンゴの再生を進める豊かな里海つくりから、農業や観光なども含めた地域発展の動きになってきたのです。

そこにはイメージ戦略による恩納村モズクのブランド化にとどまらず、村で生産方法を管理し地域性を消費者まで伝え、複数の産品の価値が長続きするローカル認証へと広がる動きも出ています。商品を作り食べる側からの発想を、原料を生産している地域社会からトータルに捉える新しい目線です。

こうした動きは貧困をなくし、地球を守り全ての人が平和と豊かさを受けるため国連が目標とするＳＤＧｓを、恩納村で具体化することにも重なり、経済だけでなく文化や環境などを含めたいくつもの大切な協同があります。

恩納村コープサンゴの森連絡会

「コープサンゴの連絡会」は二〇一六年（平成二八年）に、恩納村役場を加え四団体の「恩納村コープサンゴの森連絡会」にしました。それでも生協はパルシステム連合会・コープＣＳネット・東海コープの協議会のような存在で、方針や体制はまだ未整備でした。

その年の山形で開催の第三六回全国豊かな海づくり大会で、漁場・環境保全部門の環境大臣賞を連絡会は受賞し、国際サンゴ礁年二〇一八オフィシャルサポーターに環境省から任命されました。魚食国日本の食卓に安全で美味しい水産品を届けるため、水産資源の保護管理と海などの環境保全を大会は国民へ訴え、漁業の振興と発展を目的としています。賞状には、〈多年にわたり漁場保全に尽力し、海の環境保全に寄与するところまことに大なるものがありました〉とあり、社会から高い評価を受け連絡会にとって画期的でした。

二〇一七年（平成二九年）に第一回「恩納村コープサンゴの森連絡会」を開き、体制や方針を明確にして今日につながっています。

その総会の後で、モズクをはじめとする水産資源の保全と生物多様性の広がりの成果から、漁協を立会人とし村と連絡会の間で、以下のパートナーシップ協定を締結しました。

〈恩納村コープサンゴの森連絡会と恩納村は、サンゴ再生事業をとおして海の環境保護に取り組んできた。

この度、さらなる相互理解と信頼によって、地域の特性や産業を活かし、生産者と全国生協組合員、消費者との交流を図りながら、友好親善を深め、サンゴをシンボルとして恩納村から始める自然環境の保全と育成に取り組み、豊かな自然環境の維持と産業の発展を念願し、パートナーシップを締結する〉

一〇生協が協定に参画し、生協の組合員や役職員が恩納村を訪ねての「もずく基金」産地視察・生産者交流会もあれば、生産者が各生協を訪ねて「海人の料理交流会」の開催や、村の農産物の販売支援と恩納村主催の夏祭りへの出店など、村と生協との交流も深まっていきました。

恩納村コープサンゴの森連絡会への竹内さんの期待です。

「恩納村の漁協と村役場に、全国各地の生協と我が社の四者が進める協創は、二九都府県に広がって養殖サンゴは三万本を大きく超え、モズクだけでなく他の海産物や農産物も含め、村の産物全体を視野に入れたローカル認証へ発展しようとしています。

ぜひこれからも協創の輪を、多くの皆さんと一緒に広げていきたいものです」
勝者と弱者を生む競争と、同じ発音ですが互いに協力して共に進む協創は、まったく異なり協同とほぼ同じ大切な意味でますます広がることでしょう。

四　おわりに

協同は人類の英知

二〇一六年（平成二八年）に国際連合教育科学文化機関（ユネスコ）は、〈共通の利益の実現のために協同組合を組織するという思想と実践〉として、協同組合を無形文化遺産にしました。理由は、〈共通の利益と価値を通じてコミュニティづくりを行うことができる組織であり、雇用の創出や高齢者支援から都市の活性化や再生可能エネルギープロジェクトまで、さまざまな社会的な問題への創意工夫あふれる解決策を編み出している〉からです。

ところで協同組合の歴史は古く、一八世紀後半からイギリスの産業革命による社会問題を背景にして、協同組合の父と呼ばれたロバート・オウエン（一七七一～一八五八）は、協同社会を考え実践し一八四四年設立のロッチデール公正先駆者組合へとつながりました。

日本では貧しい農村の活性化のため、一八三八年に大原幽学（一七九七〜一八五八）が千葉県でつくった先祖株組合や、一八四三年に二宮尊徳（一七八七〜一八五六）が神奈川県で設立した小田原仕法組合があります。

こうした互助の協同による組織は、鎌倉時代にはすでに無尽講や頼母子講もあれば、沖縄県や奄美群島での模合（もあい、むえー）も古くからありました。さらにさかのぼれば、自然界のあらゆるものに霊や命が宿るとする精霊信仰のアミニズムは、争いでなく互いの存在を認め助けあうことを大切にしてきました。厳しい環境の中で食糧確保や身を守るため集落では、一族が協同して暮らしていたことでしょう。今日の日本人に大きな影響を与えた神道・仏教・儒教・道教は、教えが異なっても互いの助け合いを大切にしていることは共通しています。

そもそも動物には、協同につながる本能的な相互扶助があるとの説は、イギリスの自然科学者ダーウィン（一八〇九〜一八八二）やロシアの政治思想家クロポトキン（一八四二〜一九二一）が、蟹や蟻などの観察からも論じています。

ところで協同組合などの互助のスローガンに、〈一人は皆のために、皆は一人のために〉があります。皆を万人とした訳もありますが、元は古代ゲルマン民族の諺で、見ず知らずの多数者への呼び掛けでなく、家族や一族などで助け合う生活の知恵でした。顔の分かる小集団の中で互いの助け合いを確認するために使い、主語を入れて〈私は仲間のために、仲間は私のために〉とした方が真意に近いようです。

歴史書は権力者による政敵を倒す闘いの連続ですが、社会を支える大多数の庶民が平和に安心して暮らすには協同が大切でした。このため互に助け合って物事を進める協同は、庶民が生きていくための人類の英知で、これからも多種多様な協同が各地で展開していくことでしょう。

なお協同の形には、団体と団体もあれば個人と個人もあり、さらに協同する数が増えて多様なものもたくさんあります。類似した漢字の共同は力を合わせることだけに対し、協同は力を合わせて何かを成し遂げることを意味し、働くことをより強調する協働もほぼ同じです。

モズクとサンゴによるいくつもの協同の素晴らしさ

恩納村におけるモズクとサンゴに関わった協同の素晴らしさを、私なりにまとめてみます。

第一に、独自に技術開発した養殖モズクを通し、各地における生協組合員などの食卓を豊かにするだけでなく、利用者の協力による独自の基金を活用し、サンゴ再生による里海づくりにも活かして、さらに地域社会の活性化にもつなげています。

第二に、二つの協同組合である恩納村漁協と生協に、恩納村と井ゲタ竹内の四団体による協同で相乗効果をあげ、それぞれの団体が対等の関係で役割りを発揮し、独自の持続可能な生産と流通や消費における経済活動を作り発展させています。

第三に、同じ生協法人でも事業や自然環境などへの異なるこだわりはいくつもありますが、サンゴの再生を通した里海づくりの共通点で多くの生協が協同しています。

こうした恩納村におけるモズクとサンゴの展開は、一七の目標があるＳＤＧｓのいくつかの項目においても以下のように評価できます。

〈8　働きがいも経済成長も〉：モズク漁などによって漁業経営が安定し若者が増えています。

〈9　産業と技術革新の基盤をつくろう〉：持続可能な産業化を進めるとともに技術革新の拡大も掲げているので、漁協のモズクやサンゴなどの養殖技術の開発が当てはまります。

〈11　住み続けられるまちづくりを〉：漁業で生計を維持することができ、若い後継者も村で育っています。

〈12　つくる責任　つかう責任〉：持続可能な生産と消費を確立することで、これらの責任を守っています。

〈14　海の豊かさを守ろう〉：海洋と海洋資源を持続可能な開発に向け保全し利用することで、モズクの養殖とサンゴの再生があてはまります。

〈15　陸の豊かさも守ろう〉：陸上生態系の保護や土地劣化の阻止を図ることで、ハニーコーラルや赤土流出防止のプロジェクトが該当します。

〈17　パートナーシップで目標を達成しよう〉：持続可能な開発に向けグローバル・パートナーシップを強めることで、恩納村漁協・各地の生協・恩納村・井ゲタ竹内の協同を中心とし、さらには海外とのネットワークを築きつつあることからも合っています。

こうして恩納村のモズクとサンゴの取り組みは、ＳＤＧｓの七項目にも沿った貴重な活動で教訓的です。

協同の力で地域おこし

モズク利用からサンゴ再生への意義をさらに発展させると、漁業や自然を守るだけでなく大切な地域おこしとなります。戦後の日本における行き過ぎた経済優先により、たくさんの大切な自然やコミュニティが壊されてきました。そのため経済格差だけでなく、暮らしや文化などでいくつもの問題が発生し、改善するため住民を主体にした地域おこしが重要で全国各地の課題となっています。このため恩納村での取り組みは、きっとヒントになることでしょう。

日本ではあまり知られていませんが、世界では農民主体による農業の活性化のためアグロエコロジーがよく使われています。アグロは農業でエコロジーは生態学ですから、直訳すれば農業生態学です。イメージとしては環境に優しい農業ですが、取り組んでいる内容はそれだけに留まらずに、教育や伝統文化などについて住民が主体となり、人々も元気になる地域おこしをしています。ここでも協同を何よりも大切にしているのです。

恩納村を訪ねた生協の人たちが、協同の原点に触れ元気になって喜んでいることは、何人もの感想文からもうかがうことができ、それぞれの地域に戻り協同の輪をさらに広げていることでしょう。こうしたお互い様の関係性が地域や暮らしには何よりも大切であり、恩納村での学びが各地の地域おこしの手助けにもなります。

生協のこだわる産直は、物の取り引きや産地の環境を守るだけでなく、互いの地域おこしにも貢献することで、同時に人が元気になることだと私は考えます。安心・安全の生協から地域づくりの生協へ飛躍するためにも、恩納村モデルをより多くの方に知ってもらい、さらなる協同の輪が広がってほしいものです。

協同組合の原点

国際協同組合同盟（ＩＣＡ）は協同組合の定義を、〈共同所有され民主的に管理されている企業を通じて、共通の経済的、社会的、文化的ニーズと願望を満たすために自発的に団結した人々の自律的な団体〉としています。

恩納村漁協と生協は、生産したモズクを商品として流通させて消費し、同時にサンゴの再生による里海づくりにつなげ、モズク利用の地域や料理を広げ食文化と海を豊かにすることで、〈共通の経済的・社会的・文化的ニーズと願い〉を満たし、協同組合の原点をふまえているといえます。

協同組合原則では、第六の協同組合間協同や第七のコミュニティーへの関与にもあてはまります。

また二〇〇九年（平成二一年）の国連総会で、二〇一二年（平成二四年）を国際協同組合年（ＩＹＣ）と定め、貧困、金融・経済危機、食糧危機、気候変動など現代社会の問題解決に向け、協同組合による大きな役割発揮を期待しました。ＳＤＧｓの考えに恩納村のモズクとサンゴ再生の取り組みが沿っていることからも、世界の課題に即した協同組合らしい活動です。

なお国連は、二〇二二年（令和四年）を「零細漁業と養殖の国際年」としています。二つの協同組合が協同している恩納村の取り組みが、ここでも輝くことでしょう。

生協の原点

生協法第一条の目的には、〈国民の自発的な生活協同組織の発達を図り、もって国民生活の安定と生活文化の向上を期する〉とあります。現在の組合員だけでなく将来の組合員も含めた国民が対象で、安心安全な食品による生活の安定と、個人や家族の暮らしを豊かにする生活文化の向上が、これからの生協にますます求められています。

現代マーケティングの父と呼ばれるアメリカの経営学者コトラーは、①ベストな商品を売る製品中心のマーケティング1・0、②マーケットに適した消費者志向のマーケティング2・0、③顧客のニーズや欲求に応えつつ社会や環境に配慮する人間中心のマーケティング3・0、④デジタル戦略の高度な技術で個別の自己実現のマーケティング4・0へ発展するとしています。

この説を日本の生協に当てはめると、組合員のニーズに応えた安心・安全なコープ商品はマーケティング2・0で、SDGsにも沿った恩納村のモズク商品はマーケティング3・0になるでしょう。

ところで商業でも長い歴史のある日本には、いくつも経営哲学が昔からあり、その一つが中世から活躍した近江商人による、売り手よし・買い手よし・世間よしの〈三方よし〉

です。これに作り手よしと働き手よしを加えた〈五方よし〉が、生協にとっても大切だと私は考えています。地域社会と共に歩む生協として、〈五方よし〉のバランスがより求められるのではないでしょうか。

すでに恩納村では、村の生産品をブランドとして保証するだけでなく、産品の地域性を消費者へ伝える仕組みであるローカル認証も具体的に動き始めています。「五方よし」の一つの貴重なモデルでもあり、協同の力でさらに発展することでしょう。

サンゴまん中の協同のさらなる発展に向けて

恩納村におけるサンゴまん中の協同のさらなる発展に向けて、どのような課題があるのでしょうか。

第一に、恩納村コープサンゴの森連絡会に代表されるように、恩納村漁協・生協・恩納村・井ゲタ竹内の協同による取り組みを一人でも多くの方が知り、美味しいモズクを利用しサンゴ再生の輪をより広げることです。

第二に、恩納村における協同からの学びを、支援した人が地元で小さくても活かすことです。被災地へ支援で入ったボランティアが貴重な学びをし、自分の住んでいる場所へ持ち帰って活かすことと同じ大切な構図です。

第三に、サンゴまん中の協同は、経済だけでなく環境や文化や人間などをバランスよく大切にした協同経営で、これからの社会にますます求められていくものであり、より多くの団体や個人のヒントになります。環境や人にしわ寄せを与える経済効率最優先の資本経営と異なる協同経営は、経済の本来の姿である世を経め民を済う経世済民の理念にも重なり、志のある人の理解と共感をきっと呼ぶことでしょう。

このため以下の方々に読んでいただき、モズクの利用でサンゴ再生をより広げると同時に、多様な協同を各地で考え実践するきっかけになればと切に願っています。

①生協の役職員の方へ：生協を維持発展させるためには動向把握と原点回帰が大切で、協同組合の原点がここにあり、自らの仕事に自信と誇りをより持つことができます。

②生協の組合員の方へ：家族の喜ぶモズクの利用が、海の環境を守るサンゴ再生につながり、食卓から自然環境に貢献できます。

③生産者やメーカーなど生協に関連する方へ：国民の生活の安定と生活文化の向上を期待されている生協の産直、一つの理想像がここにあり、双方に有益な関係を築き地域社会に貢献できます。

人の心身を健康にするため自己免疫力があるように、健やかな団体や地域社会を育むため協同があります。恩納村におけるサンゴまん中の協同が、形を変えて各地に広がってほしいものです。

五　あとがき

恩納村を訪ねる中で、碧く美しい海底をぜひ散策したいと考えました。酸素ボンベを背負って潜るには資格がいるのでダイビングショップを訪ねると、六〇歳までが条件なので七二歳の私はすぐ断られてしまいました。まだ若いと自分では思っていましたが、もうそんな高齢者になったのかとがく然としたものです。

サンゴを調べる船があって同行させてもらいました。水中メガネを付けて恩納漁港の少し沖にある「コープサンゴの森」で潜り、白い砂の上に広がる薄緑などの多数の養殖サンゴと、ブルーやオレンジ色の魚たちを見ることができました。近くに手を伸ばしても、魚たちは驚く様子もなくのんびりと泳いでいます。一面に広がる幻想的な世界を満喫しました。

沖縄の海で私は、米軍機が訓練する伊江島やアメリカ軍新基地造成中の辺野古でも潜ったことがあります。それらに比べ恩納村の海は、何か優しく包んでくれる感じがしたものです。まだ研究中で分からないこともあるようですが、サンゴが出す新鮮な酸素などは、モズクなど海中の生物にとって大切な環境をつくっているようです。

初めて恩納村のモズクやサンゴ再生を聞いたのは、二〇二〇年（令和二年）八月にコープCSネットを訪ねたときでした。小泉さんがモズクとサンゴについて熱く語り、広島の美酒もあって私は本にしたいと強く思ったものです。「環境に優しい生協らしい取り組み」といった抽象的なイメージが、コープサンゴの森の海に潜って実感できました。

二〇二一年（令和三年）五月に私は恩納村へ取材で二週間滞在し、満月のサンゴの産卵を見たいとシュノーケルのツアーを申し込みました。大きな月は出ていましたが、夕方と夜中とも残念ながら卵は出ず次の楽しみとなりました。

恩納村漁協・各地の生協・恩納村・井ゲタ竹内の間で、モズクとサンゴ再生に関わるいくつもの素敵な協同が展開され、これからもその輪が大きくなり、〈琉歌の里〉と同様に〈協同の里〉にもなることでしょう。村では観光が大きな産業となり、その観る光には、すてきな風景だけでなく、人々の営むすばらしい協同も加えてよいのではないでしょうか。

ところで協同の協は、力を三つ並べて多くの力を合わせる意味があり、仕事だけでなく暮らしや地域社会などの中でも大切な役割りを果たします。協同社会への祈りをこめた心優しい「協道」が、無数に広がることを私は念じています。

ブックレットに登場させてもらった以外にもたくさん方に、仕事の忙しい中でコロナの心配もありながらご協力していただき、やっと完成させることができました。ほんとうにありがとうございました。

二〇二一年（令和三年）一一月一日

沖縄における軽石被害を心配しつつ　西村一郎

第四部　生協人からの〝伝言〟

［第四部　出所］『生協の道　現場からのメッセージ』
（西村一郎著、二〇二〇年一一月二〇日、四六判、同時代社）
※役職や年齢、生協名は著者が取材した当時のものである。

一　死んだはずの命を生協で燃やし

高橋忠信さん

※「生協は今」二〇一五年一〇月号

敗戦後の海戦

「ドカーン‼」

大音響と共に当時一等水兵だった高橋忠信さん（八八歳）が、乗っていた大日本帝国海軍輸送艦「新興丸」は大きく揺れた。一九四五年八月二二日の午前四時をまわり、留萌沖の北の海は明るくなりつつあった。樺太の大泊港からの引揚船で電気系を担当していた高橋さんは、夜勤で交替して海水の風呂を使い、甲板へ出ようとしていたときである。

よろけながら甲板に立った高橋さんは、艦の前方に魚雷が命中して甲板が飛ばされ、厚い鉄板の壁面に直径一〇メートルほどの穴があき、倉庫にゴーゴーと海水が流れ込み、即死した四〇〇名ほどの引揚者が浮かんだりしている様子を見た。倉庫の壁にあったフックには、長い髪を垂らした少女が、逆さになって引っ掛かっていた。

少しすると近くの海面に潜水艦が三隻浮上し、新興丸を射撃してきた。八月一五日にポツダム宣言を受け入れた天皇のラジオ放送があり、誰もが戦争は終わり、これからは平和な世の中で暮らすことができると喜んでいた。

そこに対する魚雷や銃撃である。敵がどの国か分からないが、このままでは三二〇〇人の引揚者と一五〇人の兵士が殺されてしまう。新興丸は輸送艦だが、前後に帝国海軍が第一次世界大戦から使用している四五口径三年式一二センチ砲を備え、二〇キログラムの砲弾は人力で装填していた。

しかし、新米の士官は戦闘の経験がなく、混乱して適切な命令を出すことができず、海戦の経験のある下士官が先頭に立ち、一二センチ砲を潜水艦に向け応戦した。

数分間、新興丸と三隻の潜水艦の間で激しい戦闘が続いた。結果は、二隻の潜水艦が轟沈し、一隻は逃げていった。

潜水艦の攻撃はなくなったが、少しずつ新興丸は沈んでいく。救命用のボートはあるが、わずか四隻で二〇〇人がやっとであるし、内一隻は降ろし方が悪く垂直になって海に落ちていた。誰もが死を覚悟し、艦内はやがて「南無阿弥陀仏！」の大合唱となった。

高橋さんは、この時の心境を次のように語ってくれた。

「自分の人生も、いよいよ一八歳にして終わりか。少し短かったなと思いましたが、なぜか死ぬ恐怖心はありませんでしたね。戦友と『畳の上で死ねたらいいな』と話し合っていた時もあったので、いよいよその時が来たのかと感じたものです」

しかし、新興丸は沈まなかった。魚雷を受けた倉庫は海水で一杯になったが他に影響はなく、目的地を小樽から近くの留萌へと変更し、傾いたまま向かった。留萌に着岸して乗客を降ろすと、流されずに船内にあった約二三〇体の死体を高橋さんたちは埠頭に並べた。

後で分かったことだが潜水艦はソ連軍で、北海道の北半分をソ連は領土として望んでいたため、実行支配しようと潜水艦を配置していた。このため近くで、小笠原丸や泰東丸もソ連軍の潜水艦による魚雷を受けて沈没し、それぞれで各七〇〇人が犠牲となり、新興丸と合わせると実に一八〇〇人にもなる。公式上の戦争後でも惨事が繰り返し、歴史の闇に葬っている。

東大農学部生協の職員になって

戦争が終わっても高橋さんは兵役を免除にならず、修復した新興丸で中国や朝鮮からの引揚者を運んでいた。一九四六年九月に佐世保で除隊となり、満員の汽車を何回も乗り継いで、やっと北海道のオホーツク海に面した故郷の村へ戻った。どこかで死んでいるのではと心配していた家族たちは、大喜びで迎えてくれた。

しばらく家の農作業などを手伝っていたが、一九四七年になって戦友の一人から東京での仕事の誘いを受け、すぐに高橋さんは上京した。訪ねた場所が東京大学農学部にある生協で、正門の正面奥にある三号館の地下に生協の食堂があった。

生協とはどんな理念の団体なのかまったくわからなかったが、食堂で宿舎もあるので、生活に困ることはないだろうと高橋さんは判断しての就職であった。女性八人と男性六人の従業員は、食堂に併設している部屋で別々に共同生活し、一日に二五〇〇食もの食事を提供していた。長い列は当たり前で、狭いホールの席に座ることができず廊下などで立って食べる学生も珍しくなかった。当時の学生は、誰もが「学ぶことは食べる事」と感じ、生協食堂を利用していた。

高橋さんの仕事は炊飯であった。まだ敗戦直後の混乱期で、ガスはなくてレンガを積み上げた釜戸で生木の薪を燃やし、麦中心の飯を炊くとか、さつま芋やトウモロコシを蒸かしていた。

ところでこの食堂の全体を管理していたのは、一九三六年に四八歳の賀川豊彦が江東消費組合栄養配給所を設立し、そこで働いていた女性の栄養士であった。これまでの給食より栄養価の高い栄養食にするため、賀川は国立栄養研究所や東京家政専修学校の協力も得て事業を展開していた。

その後高橋さんは、生協の運営になった本郷第二食堂や、さらには安田講堂前の地下にあった書籍部などで仕事をした。その頃についても高橋さんは語ってくれた。

「夜は定時制高校へ通うため、毎日の仕事を早番にしてもらっていました。食堂部のときは朝五時にリヤカーを付けた自転車に乗り、水道橋駅近くのパン屋へ行ってパンを荷台一杯積み、それから本郷まで戻ってくるのですが、坂道なので自転車を降りて押すしかなく苦労しました。七時には腹を空かせた軍服姿の学生たちが来るので、それまでには必ず戻らなければならなかったのです。

書籍部に移ってからは、棚に並んでいる本を読むのが楽しみでしたね」

高橋さんは仕事と勉強を楽しく両立させていった。しかし、無理をしていたのか、一時期体調を崩して北海道の郷里で静養したこともあるが、元気になってから戻ってくると東大生協の職員として再び働いた。

大学の制度が変更になって学生が減少し東大生協の経営が悪くなり、赤字の続いたときもあったがやがて解消した。

高橋さんは、一九五九年から二年間は駒場支部の常務理事、一九六一年から一九七〇年までは専務理事となり、東大生協の経営を管理する立場となった。さらに一九七一年から、大学生協東京事業連合の専務兼理事長として、首都圏における大学生協の連帯事業を強めていった。

大学生協の共済をスタート

一九八〇年になると、大学生協で「学生同士の助け合い」を理念とした新事業を展開することになり、高橋さんがその担当常務として東京地連事務局長から移籍した。当時の背景や苦労などについて高橋さんから伺った。

「学生協同保険の代理店を生協がしていましたが、もっと理念的にも生協が取り組む事業として共済にしたらとの意見がありました。当時の大学生協連会長でもあった福武直先生も熱心な推進者で、当時の厚労省上層部に東大での教え子がいることもあって、行政との話は進みました。

問題は実務で、立ち上げる学生共済の具体的な掛け金の計算を、何度電卓をたたいても正確な数字が出てきません。全労済のある方に教えてもらい、やっと厚労省へ提出する書類を仕上げて提出し、一九八一年春からの事業に間に合わせることができましたよ」

学生共済の加入者は、八一年一万人、八二年三万人、八三年五万人と順調に伸びた。しかし、これを見ていた財団法人学徒援護会が、同じ形の共済を作って全国の大学で事業展開しようとした。そこで福武先生は、全国の大学の学長や国立大学協会会長などへ手紙を書き、大学生協のおこなう学生共済の優位性を説き、この動きを中止させることができた。

若い生協人への伝言

戦争で一度は亡くした命を、生協人としてひたすら歩んできた高橋さんに、若い人たちへ伝えたいことを最後にたずねた。

「生協は、助け合いや支え合いを大切にする協同組合の一つで、平和と民主主義を何よりも大切にします。物だけの貢献でなく、地域社会を明るくする理念を決して忘れないでほしいですね」

安保法案の国会審議が進みきな臭い今だからこそ、高橋さんの言葉はより重い。

二　自らに内在する伸びゆく力を信じ　横関武さん

※「生協は今」二〇一六年四月号

京都市の地下鉄「北大路」駅を出てから、氷雨の降る中を鴨川に沿ってしばらく北上し、大将軍神社近くに横関武さんを訪ねた。

一九二九年に和歌山県田辺市で生まれた横関武さんは、生まれつきの弱視をカバーしつつ、中学時代は柔道で体を鍛え、五人を相手に立ち回ったこともあった。後に家出して大阪へ出て土方をし、六〇キログラムのセメント袋二本をかついでも平気であった。空襲の焼け跡では、弱視のため何回も五寸釘を踏み、今も足の裏に傷跡が残っている。

土方の世界にいた横関さんは、二重の障がいを持つヘレン・ケラーの講演を聞き、障がい者であっても人間的に成長することを知り、弱視の自分にも大きな可能性のあることを自覚した。

一転して生協へ身を置き、同志社大生協専務、京都府生協連専務、京都洛北生協専務、京都生協理事長、日本生協連副会長などの要職を経てきた。その間に、事業連合による生協の連帯の在り方や、大学生協から地域生協設立の支援もあれば、生活防衛のため安くて品質の良い生協牛乳の開発など、貴重な成果をいくつもあげている。

自らの理念を持ち、変革へ挑戦してきた横関さんの長い体験から、今の生協人が学ぶことは多い。

内在する伸びゆく力を信じよ

「お前のような戦争に役立たない奴は、国家の恥だ。お国のために死んで、石油になってしまえ！」

当時旧制中学生だった横関さんは、配属将校から毎日のように怒鳴られていた。軍事教練で足の不自由な上級生が、配属将校に殴打されたとき、かばった横関さんも一緒に殴られた。兵隊になることのできない障がい者は、人間としての扱いを受けず、いじめと見せしめの対象でしかなかった。

その体験は、障がいを持っている人などの弱い者いじめを許さないとの信念を、横関さんは心に深く刻んだ。不条理な戦争が終わり全身の血を蘇えらせ希望にあふれ、その信念を実現する社会作りが生きる目標になり、これからの日本を戦争と餓えのない世の中にしたいと強く願った。

そのためには行政や誰かに期待するのでなく、一人でも多くの社会的弱者同士が力を合わせて実践することだと考え、「自らに内在する伸びゆく力を信じよ」を第一のモットーにし、その後の人生をひたすら歩んできた。

第二のモットーは、儒教の創始者である孔子の教えの、「学びて思わざれば即ち罔し思いて学ばざれば即ち殆し」で、学びを自分の考えに落とさなければ我が身につくことはなく、また自分で考えるだけで人から学ぼうとしなければ、考えが凝り固まってしまい危険であることを意味している。

明治生まれの骨太さと大正ロマンに培われ、視野広く高いミッションを燃やしつづけた先輩たちに、横関さんは恵まれたことを深く感謝している。その中でも生協との関連では、賀川豊彦（一八八八〜一九六〇）、涌井安太郎（一九〇九〜一九九六）、能勢克男（一八九四〜

一九七九）の二人の教えが大きく、優れた社会思想家であり文化人、教育者、そして常に言行一致の実践家であった。

生協への目を開かせた賀川豊彦・涌井安太郎・能勢克男

大阪で五年間土方作業をしていた横関さんは、一九四九年に賀川と会い、同志社大学で勉強するきっかけになった。資本主義社会の欠陥を正すため賀川は、静かな革命と称する労働、農民、福祉運動、生協運動の意義を、熱く横関さんに教えて生協運動への目を開かせた。

また賀川は、戦後の生協の標語である「平和とよりよい生活のために」を決めるとき、暮らしを大切にして社会をよくするには、まず平和が大切として生活の前に平和の文字を持ってきた。さらには他人を大切にする利他についても強調し、横関さんは生協人としての理念を学んだ。

同志社大学で嶋田啓一郎教授の協同組合思想史を受講した横関さんは、嶋田教授の推薦で涌井安太郎専務の神戸生協で働くことになった。涌井は、一九世紀の人類の叡智が結晶してイギリスでロッチデール原則ができ、その後に世界中へ生協が広がったことや、人間性喪失の現代社会では、協同の力こそ時代を拓くものであることを、若い横関さんに教えた。

涌井の口癖は、「生協は売る組織ではなく買う組織である。これが原理であり、特に生協職員は忘れてはならない。だから組合員を、お客さんとは決して呼んではいけない」であった。こうした涌井の教えにより、仕事の現場で生協の経営を理解した。

同志社大学生協の経営再建のために横関さんが、神戸生協から京都に帰って仕事をしていた頃である。六六歳の能勢は、戦争は終わり素晴らしい憲法を持ったが、日本の社会は相変わらず男の縦社会のままで、女性を中心に地域へ民主的な横の社会をつくることが重要とし、参加型民主主義が生協の原動力であり、大学生協の若い力で京都の地域生協を再建してほしいと横関さんに話した。

あわせて京都の一〇〇〇年におよぶ民衆の協同の歴史を、平安朝の頼母子講や祇園祭など町衆の助けあいの智恵から、戦前戦後の生協の歴史に至るまで熱く語った。憲法学者で弁護士でもある能勢は、人権と民主主義を最も大切にし、「頼もしき隣人たらん」が信条で、人の痛みを深く知っていた。こうした能勢の教えは、人の痛みを知る人間の集まりが生協であるとして、横関さんの実践につながっていった。

また生協の理念は、民主性と合理性を統一して重んじなければならないと能勢は強調し、横関さんは深く感銘した。

こうして同志社大生協の京都洛北生協設立支援は、大学生協による地域生協づくりとして、京都を皮切りに全国大学生協連合会で方針化され、一九六〇年代後半から七〇年代にかけ、全国各地の大学生協による地域生協設立運動へと大きく広がった。

利那主義でなく自らの希望を持って

経済大国の一つとなった日本は、アメリカの傘下で資本の論理による競争をさらに激化させ、生協の職員を含めた若者たちは、ますますその瞬間だけを楽しんで満足する刹那主義におちいっている。社会の変動が激しく、五年先の仕事、結婚、子育てなどの見通しをもつことができず、どのような人生設計をすればよいのか多くは迷っている。

格差社会がより深刻化する中で拝金主義がいっそう強くなり、全ての価値基準に経済性を置き、お金がなければ一日も過ごすことができなくなると思い込んでいる若者もいる。

戦前や戦中に人間としての扱いを国家から受けてこなかった横関さんは、資本の論理による画一した上からの価値観に強く反対し、戦争反対、失業せず飢えのない社会、差別のない社会にするといった希望を持って歩んできた。その体験から、ぜひ多くの若者が自らの希望を持って人生設計をし、困難な社会の中で生きていくことの重要性を強調していた。

そのためにも封筒には糊しろが付いているように、各自の内部に持っている発達の可能性を信じて、心や時間のゆとりを持って生きることが大切であるとも触れた。

これからの生協や役職員への期待

今の日本には、戦前に想像もできなかったほどの物やお金があふれているのに、多い自殺や原発事故や環境汚染もあれば、安保法の成立で戦争参加への危険性が高まるなど、不安をかかえて日々暮らしている人々は多い。

そうした中で、人間らしい暮らしの支援が生協の目的であり、生協の社会的役割はますます大きくなっている。その生協で働く役職員には、仕事を通して他人に役立つと同時に、自らのためにもなることを理解することであると横関さんは話した。

こうして生協に夢を持って生きていくためには、一人だけでは決して生きていけないし、同じ志をもった仲間同士が、互いに協力することが何よりも大切である。

二時間ほどの限られた時間であったが、以前と同じ熱い横関節を聞くことができた。弱視は文字を読むのに不便ではあるが、逆に不要なものを見ることなく、心の目で物事の本質をしっかりと見極める。四年前から全盲となっているが、生協の在り方へのこだわりはますます強くなっている。横関さんの人生に私も学びたい。

三　ヒューマンケアを大切にする生協へ　野尻武敏さん

※「生協は今」二〇一六年一〇月号

機雷除去

「ドドドーン！」

瀬戸内海の海原に、轟音とともに五〇メートルほどの水柱が立った。掃海艇を指揮する海軍士官の野尻武敏さんは、海底の磁気機雷を爆破できホッとしていた。一九二四年に大分県で産まれた野尻さんが、二一歳になった一九四五年秋のことであった。

第二次世界大戦の末期に米軍は、対日飢餓作戦のため東京、名古屋、大阪、神戸、関門、新潟など主要な港に約一万二千個の機雷を投入し、物資の補給ルートを止めた。

戦後に連合軍は日本軍を解体させたが日本海軍の掃海隊は残し、逆に一万人へ増員して、同年九月に日本近海の機雷処理を命じた。当時は米軍の投下した六千個と、日本海軍の五万五千個の機雷が近海に残って戦後の復興を妨げ、敗戦から一九四九年五月までに、船舶三〇隻と死者七九名と傷者約二百名の被害を出した。

敗戦時に大阪港湾警備隊所属の野尻さんは、戦後も大阪湾から播磨灘の掃海作業に従事させられ、基地は大阪から神戸に移る。

当時のことを野尻さんは以下のように語った。

「米軍の投下した機雷は、磁気・音響・水圧で爆破する新型で、大型の鉄船では蝕雷します。掃海艇といっても、約三〇〇トンの木造船と民間から徴用した木造漁船でした。戦後もそれらに乗って昼間は命がけの掃海作業で、夜は深酒といった日々が続きました。だが、中学時代の誰彼が復員し復学したと聞くたびに、これでは自分はダメになり、早く大学に戻らねばと思うようになりました。ところが一九四四年の学徒出陣までの私の大学は、旧満州国の建国大学で、帰るべき大学は満州国と共に消えていました。

そこで一九四六年の秋に、まだ船に乗っていましたが、基地がある神戸で唯一の国立大の神戸経済大（現　神戸大学経済学部）に転入学し、復員となった翌年の春から復学して、荒廃した日々から抜け出すことができました。

だが建国大学の二年半は、けっして無駄ではなかったですね。旧満州の首都の新京（現長春）に、日本・朝鮮・中国・蒙古・ロシアの五族協和による満州国の基礎固めと、興亜の人材育成をめざした、全寮制の全人教育を進めた国立の国際大学だったからです。その間に培われた友情は戦後ほどなく回復し、一九八〇年から日・鮮・中・蒙の学友たちとの同窓会（聯歓会）も韓国や中国で開いてきました」

野尻さんが、敗戦後の機雷の掃海作業をしたのは約二年間であった。一九四六年八月に主な海峡や港湾の機雷除去が一応終了し、五二年には日本沿岸の主要航路と約一〇〇ヵ所の港湾で安全宣言が出された。

生協との関わり

経済政策論や比較経済体制論など経済学者として著名な野尻さんは、神戸大学や大阪学院大学名誉教授であると同時に、生協や市民運動との接点も次のように多い。

一九九六年〜二〇一五年　コープこうべ協同学苑学苑長
二〇〇一年〜二〇〇七年　コープこうべ理事長
二〇〇三年〜二〇〇六年　二一世紀ヒューマンケア研究機構理事長
二〇〇六年〜二〇〇八年　ひょうご震災記念二一世紀研究機構会長

また、こころ豊かな美しい兵庫推進会議会長や兵庫県長寿社会研究機構理事長としても活躍してきた。

今は高齢のため全役職を退き、神戸市西区の自宅で奥様と暮らす九二歳の野尻さんを、二〇一六年九月に訪ね懐かしい野尻節を聞かせてもらった。

賀川豊彦の教え

ソ連の崩壊によって社会主義の限界が明らかになり、他方で貧富の差を拡大する資本主義も展望は見えない。この混沌とした中において、賀川豊彦の唱えた理論は有意義だと野尻さんは強調する。

「世界中を大恐慌が襲った一九三〇年代に、資本主義でも社会主義でもない第三の道として、賀川が提唱した『友愛の経済学』は、今の社会の在り方を考える大切なヒントがいくつもあります。

第一にその『主観経済学』は、経済を考えるとき物と金でなく、それを使用する人間に焦点を当て、人間価値に重点を置く考えです。

第二にその『人格経済』は、個人であるだけでなく人格でもある人間を、使い捨てに扱う経済を悪とする考えで、友愛とは英語でブラザーフッド（兄弟愛）を意味し、人格と友愛は別でなく自律と心の一致です。

第三にその『唯心論』は、人間の意識こそが物を規定しているとの前提に立ち、教育による新しい世代の意識の覚せいにより社会変革することです。

また賀川は、国家による上からの変革や無政府主義を共に否定し、人々が自律的に自由に助け合う世界を積み重ね、家族から地域や国家や世界連邦に至るまでの共同体の創造を

目指しました
店頭に物は山積みになっていながら、路上には飢えた人々があふれている『豊かな中の貧困』（Poverty in Plenty）の発生こそが、資本主義社会の大きな矛盾と賀川は指摘し、さらに金に操られている資本家も人格経済に反すると、その解放までも訴えていました」

その上で生協との関連について次のように話した。

「そうした思想の実践としての協同組合は、商品を誰が使うかわからない資本主義社会における関係から、売る人と買う人に人格的なつながりを回復する運動でした。

二一世紀の社会において、自由競争と効率の原理が支配する市場と、平等と公正の原理に従う行政に加え、どちらでもない第三の社会セクターとしてのＮＰＯが、今後の社会の大きなウエイトを占めつつあります。世界的には生協がＮＰＯの代表として長い歴史を持ち、友愛と連帯に基づく生協を、第三の社会セクターの中心にもっていくことが重要でしょうね」

これまでの資本主義や社会主義でない、人格を大切にした第三の道に生協の生きるベクトルがあるとの指摘であった。

賀川理論をより発展させ

ところで現在社会は、賀川の生きた時代と大きく違う面もいくつかある。生協に関連して野尻さんは次のように触れた。

「第一に自然の限界の接近です。ＣＯ２問題にしても、先進国と発展途上国の軋轢が激化しています。資源が無限のとき資本主義世界はまだよいが、資源が底をつくようになると、惨憺たる状態をまねくと賀川は警告していました。エネルギーや食糧などの不足が目前にあり、環境汚染も限界にきており、世界がこのままやっていけるわけはありません。

第二に、これまでの国境を越えた連帯の動きで、ＥＵなど目を見張るものがあります。世界のほとんどが、欧米の植民地や半植民地だった賀川の時代とは、すっかり変わっています。

賀川の友愛の原理に基づく世界連邦思想は、全人類が共倒れしないためにもより発展させることが大切でしょう」

賀川理論を鵜呑みにするのでなく、充分に咀嚼して今日の言葉で表現することが生協人に求められている。

ヒューマンケアを大切にする生協へ

造語であるヒューマンケアに、定まった訳語や定義はない。阪神・淡路大震災の後ほどなく兵庫県知事の下にヒューマンケア懇話会ができ、そこに参加した野尻さんは「人間への心ばせ」としている。ヒューマンケアの大切さや生協への期待も熱く語ってくれた。

「戦後の民主化は個人主義的な性格をもち、もっぱら個人の権利とその保障を求める要求民主主義となり、ギブ・アンド・テイクの社会関係が強まりました。しかし、その中で市政改革やまちづくりへ、参加民主主義として自発的で積極的に参画する市民運動が広がりはじめました。

日本を襲った二度の大震災は、第一に目に見えない世界にも襟を正す心の大切さ、第二に心の通い合う思いやりの、社会学的にはゲマインシャフト（共同体組織）であるコミュニティのもつ福祉機能や危機管理機能、そして第三にボランティア活動の可能性と潜在力を教えてくれました。二一世紀は、何よりもまず人間に立ち返ることで、近代の個人主義（インディヴィデュアリズム）から人格主義（パーソナリズム）への変換が重要です。

単なる事業団体ではない生協は、世直しや社会を改造していく重要な運動も担っており、ぜひヒューマンケアにこだわってほしいものです」

二〇一一年に、野尻さんが自宅で詠んだ短歌がある。

「生きて在る　いのちの証しか　果ててゆく　いのちの形見か　蝉しぐれする」

生協が社会貢献をより強めるためにも、大切な理論的示唆を野尻さんはしてくれている。

四　生協は国民の権利と平和を守るとりでに　岩佐幹三さん

※「生協は今」二〇一七年二月号

今回の八八歳の岩佐幹三さんは、金沢大学教授時代に同大学生協の理事長を長く務め、また広島での被爆体験者でもある。

原爆の炎の下で

一九四五年八月六日、米軍機のエノラゲイが投下した世界初の原子爆弾は、一瞬で広島の街を崩壊させた。一六歳の岩佐少年は、爆心から一・二キロメートルで全壊した富士見町の自宅の庭で被爆した。幸い軽傷ですんだが母の姿がない。

「お母さ〜ん！」

何回か叫ぶと、「ここよ」との声で太い梁の下敷きになった母を見つけた。

どうにかして救い出したいと、全身に力を入れて懸命にもがいた。すぐ先で仰向けに倒れている母は、閉じた両目から血を垂らしていた。つぶされた屋根から瓦や板をはがして薄暗い中へ潜り込んでみたが、それから先に岩佐さんは進むことができない。もう少しこちらへ出てもらえれば手が届くのに、母はまったく動くことができない。そうこうしているうちに、いくつもの火の子と一緒にメラメラと赤い炎が襲ってきた。

「駄目だよ、お母さん。火が近づいてきたよ！」

岩佐さんは悲鳴をあげ、母が最後の力を振り絞ってわずかでも動いてくれることを願ったが、返ってきたのは悲しい声であった。

「そんなら早よう逃げんさい」

気が動転した岩佐さんは、泣きながら母に向かって叫んだ。

「ごめんね。おとうさんのいる天国へ先に行っててね。アメリカの軍艦に体当たりして、僕も後から行くから」

返事はなく、いつも母が唱える凛とした般若心経がゆっくり流れてきた。

何度も振り返りつつ泣きながら岩佐さんは、その場から逃げるしかなかった。

その日に比治山橋近くの土手で野宿した岩佐さんは、広島市内の全域が焼け野原になっている光景を翌朝見て、建物疎開の後片付けに動員されていた一二歳の妹も、きっと殺されたに違いないと感じ絶望した。

広島市の郊外にいた母の妹の叔母を訪ねた岩佐さんは、帰ってこない妹を探して翌日からまだ煙の上る焼野原へと通った。どんより曇った九月のはじめに市内を歩いていると、どうにも体がだるくて進むことができなくなった。帰りは電車を使ってやっとのことで叔母の家に戻ってきたが、玄関で靴をぬいだとたんに倒れ込んだ。すでに両手や両足だけでなく体のいたる箇所に、原爆病の印である赤紫色の斑点がいくつも出ていた。叔母が作ってくれた食事は、喉が焼け付くように痛くて食べられないし、水すらも飲めない。さらに夜になると発熱し、歯茎や鼻からは出血が続き、数日たつと岩佐さんの髪の毛が抜けた。放射能による急性症状であった。

それでも叔母が必死になって探してくれた医者が、毎日何本か皮下注射をしたおかげで、二週間もすると布団からどうにか起き上がることができるようになった。

生い立ち

一九二九年一月に岩佐さんは福岡で産まれた。この年は、アメリカから始まった大恐慌が世界経済を連鎖して破壊し、それは日本にも影響してやがて一九三一年の満州事変へとつながり、第二次世界大戦での破局へと転がっていった。

父の転勤で新潟、金沢、小倉と岩佐さんは転居し、小学一年生の秋から広島に住むようになる。これだけ住居が替わると、遊び友だちをつくるのも難しい。岩佐さんは外者扱いされ、遊びからも仲間外れにされることがしばしばで、運動が苦手なこともあり自信を持つことができなかった。転機は小学四年生のときである。体操の時間に鉄棒の懸垂ができるようになり、自分でもやればできることが分かった。叔母たちと一緒に行った小豆島一周する八八カ所巡りも、少年の足に辛かったが、それ以上に達成したときは自信になった。

軍人になって死ぬことが目標だった軍国少年の岩佐さんは、原爆に被爆したことによってその後の人生を大きく転換し、原爆孤児として第二の人生をスタートさせた。

叔母の援助で大学に進み、一九五三年から金沢大学法学部教官となって英国思想史を中心に研究し、法学部長まで務め一九九四年に定年退官した。その間に岩佐さんは、大学生協連の平和への取り組みにも協力し、全国の各大学生協の学生委員を主体としたピースナウ・ヒロシマの立ち上げに参画した。その活動はピースナウ・ナガサキやピースナウ・オキナワへと広がり、今も引き継いでいる。

一九八三年の「広島・長崎を考える平和ゼミナール」で岩佐さんは、「くらしと平和」の題で講演し、原水爆禁止運動の歴史や意義から憲法体制と安保法秩序の矛盾を話して、最後に次のように生協の役割りに触れた。

「中心になるのは何かというと、国民の生活を守る運動で、（略）生協が平和の問題を位置付けて、国民の権利と平和を守る砦になっていくことです」

三四年も前の話だが、格差社会がより深刻化し、憲法をかってに解釈して海外で戦争のできるようにしている今の日本にも、十分に当てはまる内容である。

また岩佐さんは、一九六〇年に「石川県原爆被災者友の会」を立ち上げ、会長として被爆者運動に深く関わっていく。その後「被爆者・宗教者・科学者三者懇談会」を発足させ、一九六五年に原爆展を開いてカンパを集め、一六人の被爆者を広島の原爆病院で診察してもらった。こうした地道な運動は、やがて一九九四年に「原爆被爆者に対する援護に関する法律」の実現へとつながった。

定年後に岩佐さんは千葉県に夫妻で移り、今は日本原水爆被害者団体協議会の代表委員をしている。同時に、日本生協連やいくつもの生協も協力し、「原爆被害の実相と、原爆被害者が遺してきた証言・記録・資料を収集、保存、普及、活用し、その記憶遺産の継承をめざす事業を行い、『ふたたび被爆者をつくるな』という願いの実現に寄与」する目的で、二〇一一年に設立した「ノーモア・ヒバクシャ記憶遺産を継承する会」の代表でもある。これまでに原爆による晩発性放射線障害で白内障や前立腺の癌などに侵されつつも、「核兵器を禁止・廃絶の条約を求める国際署名」の呼びかけ人になるなど精力的に今も活動している。

生協への期待

自宅近くの喫茶店で岩佐さんから話を聞いた。

「権利が広がれば広がるほど、人々はそれをどう使うか自分で考えるよりも、誰かがやってくれると期待して待っていることが多くなります。その方が考えなくて楽ですからね。でもね、自分で考えることをしなければ、個性を活かすことにならないし、それは大切な民主主義を根付かせる運動になりません。これまで長年いろいろな運動に関わってきましたが、一人ひとりが自らの頭で考えて行動するのは難しいようですね。原爆と向き合うときに、原爆反対と唱えるだけでなく、自分自身と向き合うことが何よりも大切なのですよ」

組織と個人にも関わる大切な指摘である。リーダーがしっかりしていると、多くの人は上から指示されたことに追従するようになりやすい。その方が苦労して考える必要はなくて楽だし、もし失敗してもリーダーの責任にされる。しかし、それでは個々人の発達はなく、長い目で見れば組織にとってもマイナスとなり、生協においても同じである。

生協への期待をたずねた。

「二年前にあった大学生協連のピースナウの集会で、命を大切にすることが何よりも重要であり、それは教育にもつながると話しました。全ての生協が命を大切にし、同時に暮らしも重視することで、ヨーロッパで古くから哲学が追い求めてきたように、人間とは何かを問い詰めてほしいものですね。経済格差が広がり問題がより深刻化している日本や世界では、人類の未来はどうあるべきで、それとの関係で生協の果たす役割りを見定めて歩んでいくことでしょう。私の考えるキーワードは、人間・命・家族・暮らし・平和です。生協の組合員や職員の皆さんが、地球市民の一人としての自覚をもって生きていってほしいですね」

岩佐さんのいくつもの熱い言葉を、私も胸に刻みたい。

五　食と農と平和にこだわって　宮村光重さん

※「生協は今」二〇一七年七月号

一九二六年に東京で生まれた宮村光重さん（九一歳）に会うため、新宿から小田急線に乗り換えて狛江市の自宅を訪ねた。農業経済が専門の宮村さんは、青森短期大や日本女子大で教え、あわせて農業・農協問題研究所理事長や「食糧の生産と消費を結ぶ研究会」会長なども歴任してきた。生協関連では、日本女子大生協理事長や東都生協理事長の他に、「食料・農業・食の安全に関する生協懇談会」世話人、日本生協連食糧問題調査委員会主査、生協総研全国生協産直調査委員会主査と多彩に活動してきた。長年にわたって生協における食や農に深く関わってきた宮村さんの原点や、これからの生協の在り方などについて熱く語ってもらった。

力耕吾を欺かず

七人兄姉の末っ子の宮村さんは、当時の少年の誰もが憧れた軍人になりたかったが、視力に問題があったため帝国海軍少将であった父の勧めで、中学を卒業してから築地にあった海軍経理学校へ入り、三六期生として一年九ヵ月間学んだ。

兵庫県の垂水にあった校舎で敗戦を迎えた宮村さんは、焦土と化した東京に戻ってきた。暮らしで一番困ったのは、日々の食べ物である。戦時中の食糧管理法により、国内で生産した米や麦などは政府に供出し、家族の人数で配分する仕組みになっていた。ところが一九四五年は凶作で、食糧供給の植民地を失い、さらに海外の兵士や民間人が戻り、食糧不足はより深刻化した。

当時の状況を宮村さんは話してくれた。

「米が少なく雑炊のさらに薄い状態で、その米も不足して芋でおぎなっていましたよ。このため茨城や千葉へ、買い出しに私は何回も出かけたものです」

混乱する食糧事情を体験した宮村さんは、農業の在り方に関心をもち、兄の薦めもあって一九四六年に東大農学部へ入学した。当時の東大生は、自由な学問復活の喜びと同時に、「学ぶことは食べること」と言われたほど食事に困っていた。そこで農学部では、農協と呼んでいた東京帝国大学農学部協同組合を発足させ外食券食堂を開設していた。

近藤康男教授の農政学を学んでいた宮村さんは、農学部協同組合にも参画して二年のとき理事になって経理を担当し、三年で監事をしつつ、時には食堂で食材の搬入などを手伝うこともあった。

宮村さんが勉学していたある日、日露戦争でバルチック艦隊との海戦に、水雷艇の艇長として戦った父親が、半紙に書いた文字をさしながら話しかけてきた。

「お前に合った句があったからこれをあげるよ」

そこには「力耕不吾欺」と力強く墨でしたためてあった。中国六朝時代の詩人陶淵明（三六五～四二七）作「移居」の一節で、力いっぱい耕せば、そこでの収穫は耕した人をけっして欺かないことを意味した。

「自分の能力には限界があるので、目標に向かってたゆまず努力することを心に刻みました」

父の教えを座右の銘として忘れることなく宮村さんは守り、その書は大切に今も保管している。

生活協同組合論の講座

青森短期大学を経て日本女子大で教えた宮村さんは、家政経済学科で生活協同組合論の講義を一九七〇年に立ち上げた。農協を中心とした協同組合論の講座は各地にあったが、一五コマの生協論は他になかった。このときの講義の論点は、『論集　国民生活における農業・食糧問題第三巻　農協・生協と国民生活』（筑波書房　一九九八年）に入っている。

宮村さんの基本的な視点は、論集第一巻『食糧問題と国民生活』の序文で以下のように触れている。

「農業生産、食糧生産は、古来、いたって平和的な形状をもっており、また平和的な環境が、その存続にとってもっとも望ましく、高い生産力を発揮させうる条件なのである」

並行して学内の民主化運動にも宮村さんは関わり、教授会の活性化や寮監制廃止も進むなかで、就任一年目から教職員組合設立で積極的に動いた。その後に職組の活動が軌道へのった頃に、依頼を受け同生協の理事長になった。

その頃の大学生協は、それまでの権利意識を全面に出した学生運動のような路線を、どう変化して発展させるかで議論していた。

当時の福武直大学生協連会長は、一九七八年に所感を出し、大学生協が自主的民主的な人間形成の教育的機能をもち、大学の中に広く深く根ざす「広深路線」を強調した。学生生協から全学の大学生協へ発展する基礎となり、宮村さんをはじめとする日本女子大生協でも同じで、学園の一員としての地位を築き、福利厚生施設を充実させて今日にいたっている。

原点にこだわる東都生協めざし

一九九三年に宮村さんが請われて理事長になった東都生協は、一九七三年の設立から産直・協同・民主を大切にし、日本の農業を守りつつ食糧自給率向上の課題を掲げ、土づくり宣言をして「産直の東都」として独自の実績を積み重ねていた。

そうした東都生協のさらなる発展のために、宮村さんが大きく貢献した一つが東都生協の原点の再確認であった。一九九六年度総代会において東都生協の存在目的として、あらゆる運動や事業における共通の前提となるように、「産直・協同・民主―いのちとくらしを守るために―」との基本理念を確認した。さらにそれを展開する独自の立場や視点のあるべき姿について、基本理念に基づき個別理念として以下の五項目を二〇〇〇年度総代会において再確定した。

①食と農を事業と運動の基軸におきます。②民主と協同を大切にした組織運営をします。③社会と環境に責任ある行動をとります。④堅実な経営で理念を実現します。⑤職員の誇りと力量を高めます。

地域生協において食を事業と運動の基軸にするのはどこも同じだが、それに農を加えて背景をもたせ、さらに社会と環境の視線も加え総合的な理念となっている。その上で①から④の理念を実践する職員について⑤で触れ、組合員のくらしと思いをふまえての仕事となるように、パートも含めた一人ひとりの素質と能力を発展させるとしている。

これだけ総合的な個別理念を掲げるため、宮村さんの関わりをたずねた。

「この個別理念をまとめるにあたっては、組合員会議を活発におこない、理事長としても起草に関わってきましたよ」

こうした東都生協を客観視しての多面的な個別理念には、理事長だけでなく学者として宮村さんの客観的で総合的なこだわりが強く反映されている。

食糧運動をたおやかに

宮村さんの著者は、「食料・農業・食の安全に関する生協懇談会」編集の『食糧運動をたおやかに―生協懇一〇年の轍とこれからの路』（コープ出版二〇〇四年）がある。たおやかとは、しなやかで優しい様子を意味する。帯は「生協の運動連帯に期待する―食と農と自然の共生を目指して―」とし、編集に世話人生協として、いわて生協・コープながの・コープぎふ・生協かごしま・東都生協など八生協がある。

この中の「二一世紀の食糧・農業と協同組合の役割」において、「農と食は、いかに平和と安全に係るか」として、以下を強調している。

「第一に、農の営みが、滞りなく、平常に行われるのに、もっとも好都合な条件は、人的資源を含む諸環境が、戦争など人的手法によって損傷を受けないこと。（略）

第二に、食は、人々の生き・死に、いのちと暮らしに関わる事柄であり、暮らしの根本条件だから、食をネタにして、金儲けをしようとか、相手をこらしめてやろうとかは、望ましからぬ行為」

そして論集第一巻の以下の序文を再掲し、資本優先の考えが食や農を脅かしている現状に警鐘乱打している。

「人間である以上、だれでも勤労を通じて同じように食事ができなければならない。これが民主的社会の最低条件であろうが、商業主義の食糧領域への浸透は、これをくずす作用をする」

国民の求める安心・安全な食のためには、それを支える豊かな農があり、その基盤には平和がある。

資本の論理でしか考えないトランプ大統領が誕生し、それにすり寄る安倍政権によって、ますます日本の食と農が深刻化しつつある。宮村さんの伝言を生協人は噛みしめる必要があるだろう。

六　平和とよりよい生活のために　斎藤嘉璋さん、下山保さん

※「生協は今」二〇一七年一〇月号

きな臭い空気が日本にも漂い、戦後責任から新たな戦前責任を問う声も出る中で、平和への関心が高まっている。生協も同じで八月五日に広島で開催した「虹のひろば」で、参加者が例年以上の一四〇〇人になり二階席にも座っていた。

そうした中で「平和とよりよい生活のために」をテーマに、八月二六日に東京都生協連の会議室で集いがあり司会者として私は参加した。東京都生協連、東都生協、地域生活研究所の各代表が呼びかけ、パルシステム東京が協力して七四人が参加し、有意義な三時間を過ごした。

かつてヘーゲルは、歴史に①事実として、②反省を加えた、③哲学的な三種類があると

した。戦争と生協に関わった二人から、各々の平和哲学に沿った貴重な話を聞くことができた。

生協の歴史から戦争と平和を学ぶ

最初は日本生協連元常務理事の斎藤嘉璋さんで、以下の話が一時間あった。

第一部では戦前・戦中の生協である。

第一に日本での生協の誕生は、一八七九年に東京の共立商社や大阪の共立商店で、西南戦争の後に自ら協同して出資、利用、運営を実践したのは、国会開設や立憲国家をめざす自由民権運動家などリベラル派であった。

第二に大正・昭和初期の生協は、大正デモクラシーの下で吉野作造の民本主義や賀川豊彦らの労働運動、平塚らいてうの婦人解放運動、社会主義政党と治安維持法、普通選挙法がある中で地域に広がりをみせた。一九一九年家庭購買、一九二〇年共働社、大阪・共益社、一九二一年神戸消費、灘購買の市民型生協の誕生、一九二二年関東消費組合同盟、一九二六年東京学生消費組合ができた。

その後、生協や大学生協の発展と労働運動や社会運動との連帯が進み、活発な家庭会（婦人部）、文化活動、班組織へとつながった。

第三に戦争の時代となり、庶民の暮らしや生協への規制と締め付けが強化された。一九三一年の満州事変から一九三七年の日中戦争となり、政治的思想的締め付けで関消連や東京学消は解散となり、定款の「人類の福祉に益す」は反戦思想とみなされた。一九四一年からの太平洋戦争で組織的統制や締め付けで、生協は事業活動の自由を失い米穀などを扱えず多くが解散した。

第二部は戦後の生協の平和活動である。

第一に、平和と民主主義を大切にする思いから、廃墟の中より生協運動は再生した。食料難と物価高の中で雨後の竹の子のように設立し、戦後第一の高揚期は全国で、地域生協二〇〇〇を含む六五〇〇組合で組合員数三〇〇万人弱にもなった。一九四五年日協同盟の創設、一九四八年生協法制定、一九五一年日本生協連創立し「平和とよりよい生活のために」を宣言した。

第二に、一九五〇年代の戦後第二の高揚期には、地域勤労者生協の設立など労働者生協の発展があった。一九五四年ビキニ水爆実験があり、安心できる魚と海を願い杉並の生協組合員などが原水禁運動を起こした。

第三に、一九七〇年代からの地域生協の本格的発展と生協の反核平和活動である。七〇年代の物不足や物価急騰、有害商品、公害問題を背景に、「いのちと暮らしを守ろう」のスローガンで全国的に生協づくりが進み、生協組合員は一九七〇年に三一二万人（地域七九万人）、一九八〇年には六七二万人（地域二九二万人）にもなった。

一九七〇年代は、原水禁運動に生協が参加して統一に貢献し、被爆者援護法署名運動、戦争原爆写真展、平和コンサート、ヒロシマ・ナガサキ行動を展開した。一九八〇年代は生協規制の嵐もあったが、班共同購入を軸に組合員を拡大し、沖縄戦跡・基地巡り、少年少女ヒロシマの旅など生協独自の取り組みを広げ、生協組合員は一九九〇年に一四一〇万人（地域九一六万人）となった。一九八二年ＳＳＤⅡと一九八八年ＳＳＤⅢに多数の日本の生協が参加し、日本生協連は国連からピースメッセンジャーの認定を受けた。

一九九〇年代は、生協の成長が鈍化する中で個配を開始し、被爆者と共に被爆者援護法の制定めざした署名や被爆体験の「聞き書き語り残し運動」に取り組み、二〇〇〇年の生協組合員は二一〇四万人（地域一四五〇万人）になった。

すでに七〇〇〇部も売れているブックレット『生協の歴史から戦争と平和を学ぶ』（Ａ五判六四頁　定価四〇〇円　注文先は東京都生協連・地域生活研究所）に詳しくは記載されているので、まだの方はぜひ一人でも多く読んでほしい。

このように生協の平和活動は、①戦前は軍国主義のもと思想的組織的弾圧で壊滅的な打撃を受け、②戦後はその教訓から「平和とよりよい生活のために」を基本理念に掲げ、組合員の強い願いと地域に根差した活動として、③核兵器と戦争反対の運動を全国で、そして国際協同組合の理念と国際的連帯活動として取り組んできたといえる。

私の「戦争と平和」

二人目はパルシステム連合会初代理事長の下山保さんで、まずは妻公江さんの生々しい東京大空襲体験に触れ、配布した資料「私の三月一〇日」の要点を読み上げた。当時六歳の公江さんにとって、一〇万人が焼き殺された一九四五年三月一〇日の東京大空襲は、忘れろと言われても忘れることのできない地獄の一夜であった。次々に焼夷弾が降り注ぐ中で、妹を背負った母親と裸足で逃げ回ったり、燃え盛る炎を逃れて葦のしげる湿地帯に浸かり、両腕を火傷している母は一晩中幼い姉妹に水をかけたりして、やっとのことで命を守りぬいた。一晩中浸かっていた湿地帯の水は、春先だがお湯になっていた。

一九四一年に両親と子ども二人の下山家は、山形から満州へ渡って甘南省協和開拓団昭栄部落に五〇戸弱と共に入植した。五町歩の土地をもらい、煉瓦煙突とオンドル付きの家屋は土壁の草ぶきで、馬一頭と羊数頭がいて、作物はジャガイモ、玉ねぎ、大麦などであった。冬は零下三〇℃にもなり、四歳のとき下山さんはアメーバ赤痢にかかり、薬も無く父は諦めるが母は最後の手段として塩水で浣腸し奇跡的に回復した。

一九四五年に敗戦となり、日本人に土地を奪われた浮浪民の匪賊が直ちに襲撃し、次いでソ連軍、蒙古軍、国民党軍が数度襲ってきた。

秋に開拓民部落を追われ中国人農家へ振り分けられ、二〇平方メートルの小屋に二家族一〇人が同居した。食糧が無く野草も食べ、下山さんは栄養不良のため壊血病で鼻血が止まらず、窒息で一時危篤状態になったが、母が血を吸い出し助かった。弟が麻疹で喉が塞がり窒息死し、原野に土葬した。

一九四六年に帰国情報があり、中国人から「子連れ帰国は無理だから置いていけ。大事に育てるから」と言われたが感謝しつつ断わる。持てる手荷物のみで日本に向け出発し、荷車が使えなくなった後は全員が歩いた。妹と一緒の下山さんは、飲料水がなくなり半日我慢するも耐えられず道端の溜り水を飲み、猛烈な下痢となり垂れ流しとなったが、一行から離れることは死を意味するので二日間必死で歩いた。

三泊野宿してチチハルに着き、今度は貨物車で新京に着き長期待機となった。餓えに苦しんでいる中で食糧をめぐり子ども同士で煉瓦の投げ合いとなり、下山さんは頭がい骨を損傷して化膿し、中国人医師に診てもらうが薬は無く、煙管の先で膿を掻き出す荒治療で事なきを得た。

死線を何度もこえた下山さんは、多分めったに死なない自信が付いた。

貴重な戦争体験を話した下山さんは、最後に「戦争の危機と生協の社会的責任」として以下に触れた。

戦争の危機を招く諸条件が国内外で進み、経済格差が拡大し貧困層が増大している。貧困は戦争の一つの温床であり、生協は貧困に立ち向かうことも出来るが、「平和とよりよき生活のために」から平和がなくなっている。生協の原点や歴史を学んで生協の社会的責任を考え、格差と貧困に立ち向かう生協らしい方法を考えることが社会から求められている。

最後に司会者として私は、第二次世界大戦の反省から平和学が世界中に広がり、その中で一九六九年にノルウェーのガルトゥングが提唱したように、戦争の前に社会には搾取や抑圧や人権無視の構造的暴力があり、平和な社会のために注目することが重要だと紹介した。

そのため戦争に生協が反対すると同時に、地域や生協内や委託会社などとの関係において構造的暴力がないのか検証し、あれば解消していく努力が必要なことにも触れさせてもらった。

七　楽しくなければ生協ではない　大藏律子さん

※「生協は今」二〇一七年一一月号

女性からの「伝言」もぜひ書きたいと探していたところ、大藏律子さん（七八歳）を紹介してもらい、神奈川県のほぼ中央にある平塚市の自宅を訪ねた。東京駅から東海道線の普通電車に乗り一時間かかる人口約二六万人の平塚は、相模平野の南部で相模湾に面し背後には丹沢や大山山麓があり、江戸時代には東海道五十三次の宿場町として栄えた。

ショートカットの大藏さんは、旧かながわ生協の理事を長年務めた後で、多くの市民に押されて平塚市議四期一六年や平塚市長二期八年をこなし、二〇一六年からは神奈川県高齢者生協の理事などで、今も協同社会めざし元気に活動している。

協同と自由の大切さを学び

鹿児島県の東シナ海に面した小さな町で生まれ育った大藏さんは、小学生のときの想い出がいくつもある。その一つを懐かしそうに話してくれた。

「小学六年生の時に貧しい家庭の二人のクラスメイトが、修学旅行の費用がなく困っていました。そこで潮干狩りした貝で必要な代金にすることを私は考え、先生の許可も得て友だちと実行したのです。貝を獲る人と売ってお金にする係りを条件に応じて別にしたので、無理することなく目標を達成することができました」

誰かに教わったわけでもないが正に互助であり、協同組合の思想にそった素敵な取り組みである。

大藏さんが中学を卒業する時に、「お前には三つの自由がある。第一は学問の自由で、勉強したければ高校や大学へと進学してよい。第二は就職の自由で、好きな仕事に就いてよい。第三は結婚の自由で、好きな相手と結婚してよい」と父親から言葉をもらった。まだ敗戦後の復興期である。父の教えを大切にした大藏さんは、自ら考え自由に人生を歩むことにした。

地域の中で育む協同

就職先の研究所が横浜にあり、通勤に便利な平塚の県営住宅に住むようになったのは一九六七年で、二人の子を持つ大藏さんは二八歳であった。

団地には同じく子育て中の主婦も多く、買い物や街づくりなどで共通する悩みがいくつもあった。そうした女性が集まり、男性中心の自治会の中に女性部の「横内団地消費者の会」を作り、大藏さんも当初から参加した。その頃の様子を話してくれた。

「まず私たちの欲しかったのは新鮮な野菜です。団地の周りには新鮮な野菜がたくさんあるのに、買うのはいつもしなびた品物でした。そこで近くの伊勢原市農協の青年部と相談し、日曜日の朝六時から二時間の朝市を団地内の通路で開くことにしました。青年部が早朝に運んでくれた新鮮な野菜を、私たちが販売するのです。何回も畑に出かけては注文をつけたり、欲しい野菜をお願いしたりしたものです」

子育て中の母親には、野菜と同じく安全で少しでも安い牛乳が大切で、大藏さんは当時の湘南生協に入り家庭班を広げていた。その頃生協では、牛乳を扱う小売モデル事業として平塚の取り組みを位置付け、朝五時までに届いた牛乳を専従者一人が責任をもって個別に配達していた。

家庭班が三つできたとき大藏さんは、地域の人たちに生協の素晴らしさをもっと知ってもらおうと、道路の一部を使って生協の市を開いたり、広場を借りて餅つきや子どもの踊りなども披露したりした。皆で楽しむ場を作っていると、それに興味を示した人たちが生協の輪に加わってくれた。生協運動ではとにかく楽しい場づくりにこだわった。

一九七三年の第一次オイルショックとなり、トイレットペーパーや洗剤の買い占めでスーパーの棚からなくなったときに、生協は生活必需品の確保に努め、「スーパーになくても生協にはある」との噂が流れ生協加入者が増えたこともある。

大藏さんにとって、生協との関わりを生涯不動のものにする学びがあったと話してくれた。

「生協に熱中したのは、安心で安全な欲しい品物を、少しでも安く手に入れるためだけではありませんでした。家庭班の役員をしているときに学習会があり、生協の起源であるロッチデールを知り、その精神にほれ込んだのです。産業革命の進むイギリスで、ストライキや失業で暮らしの大変になった二六人が、職場に残った人は働き、職のなくなった人は小麦やバターなどの生活必需品を買い、それを皆で分け合い生活を守ったのです。人々が生きていくうえで協同することは、より良い暮らしや生き方を求めるための生活の知恵だったのです」

この貴重な学びが、大藏さんのその後の協同社会づくりへとつながっていく。

政治の分野でも

核兵器問題が深刻になった一九七八年に大藏さんは、ニューヨークで開催となった第一回国連軍縮総会に生協の代表の一人として参加した。被爆者と知りあい、広島や長崎の実態をもっと市民に理解してもらいたいと、かつて海軍の軍需産業が盛んで空襲を受けた平塚市において「母と子の原爆展」を開き、短期間で四万三〇〇〇筆もの署名を集め核兵器廃絶平和都市宣言の運動につなげた。

しかし、市議会の動きは鈍かった。その頃の様子を大藏さんに語ってもらった。

「一緒に運動した人たちから、『これでは平塚が変わっていかないから、私たちの代表を議会へ送り込むしかないね』との声が起こりました。候補者にたまたま私が選ばれ、選挙費用も皆で集めました。『この町に新しい風を吹かせたい』をキャッチコピーにして当選し、議員報酬も皆で使うため平塚で初めて議員の事務所を駅前に常設し、政治課題だけでなく絵画教室や習字クラブなども開きました」

市議を終え大藏さんは議会から離れようとしたが、市民の期待は市長へと高まったと大藏さんは話してくれた。

「三期目の市長選も無投票では市民力が問われます。『市民の市長を作る会』ができ、公募で候補者を決めましたが、複数の団体と個人が推す私だけでした。悩みましたが多くの市民や夫の声で決心し、『変えよう、変えます、市民の会』の仲間と私は、湘南市合併構想の見直し・ガラス張りの市政運営・市民とパートナーシップの市政に、自然と共生する町を加え選挙運動を闘い当選しました」

二〇〇三年の統一地方選で、女性市長は大藏さんを含め全国で六人となった。前市長が使っていた一〇〇〇万円の高級車を廃止し、月額報酬の五割カット分を預金し退職時に理科教材費として寄付した。

町内福祉村

大藏さんの市長時代に充実させた成果の一つが今に続く町内福祉村で、それぞれの状況にあった身近な生活支援活動とふれあい交流活動を、一九九八年からスタートさせ今では一七地区で実施している。公民館などの一室を使い、週に四日以上は地域福祉コーディネーターが常駐する。コーディネーター、役員、交流や生活支援を担う人たちも全てボランティアで、交通費などの活動経費と施設の家賃や水光熱費は市が負担するので利用者の負担はない。

福祉村では、第一に身近な生活支援活動で、車いすの貸し出し、ゴミ出しの手伝い、話し相手、外出の付き添い、ついでの買い物、電球交換などをする。第二にふれあい交流活動で、拠点や自治会館では地域の人が気軽に立ち寄れるたまり場として、高齢者のサロンや子育て支援活動もあれば、子どもと年寄りとの交流などをしている。

大藏さんは、全国から福祉村が注目されるようになったと嬉しそうに話してくれた。

「二〇一七年二月に厚生労働省は、地域共生社会の実現に向けた五年間の工程表を発表しました。住民が主体となって地域の課題を解決することや、市町村による包括的で総合的な相談支援体制の確立が重要な項目で、その中で平塚の町内福祉村がモデルになっています」

協同を大切にした地域づくりが住民の手で進んでいる。

現在の大藏さんは、平塚美術館フレンズクラブ、平塚ゆかりの作家・中勘助を知る会、人形浄瑠璃友の会などの各会長を努める他に、ジャズダンスの会、水彩画を楽しむ「マンボウの会」、日曜絵手紙の会などにも参加し、地域の人たちと楽しい日々を過ごしている。そうした中での作品のいくつかは、亡き夫が創った陶芸品と一緒に部屋を飾り、生活文化が漂うほっとする素敵な空間を作っていた。

八　友愛にもとづく協同社会を

野原敏雄さん

※「生協は今」二〇一八年五月号

笑みの生前葬（想）

ピアノ伴奏の女性独唱による「千の風になって」「平城山」「愛　燦々」が流れ、和やかな雰囲気となった会場に、神職と共にゆっくり入場した野原敏雄さん（八八歳）は、会釈後に以下の「私の履歴」へ触れた。

経済地理学会と日本協同組合学会で役職を歴任し、生協関係では中京大学生協理事長や生協総合研究所理事も務めた。一九九五年からの地域と協同の研究センターセンター長、一九九六年に六五歳で中京大学を退職し、二〇一一年から太陽光発電所ネットワーク副理事長も務めてきた。

自己紹介の最後に、正面へ映像を写し夫妻の墓を共同墓地にすると触れた。碑文に自作の「仰岳俯峡　生一瞬　真守歳々　人通天」を刻み、「恵那山を仰ぎ見たり、峡谷を俯瞰したりする楽しい生は一瞬だった。だが常に真理を守る生によってこそ、永遠の人としての楽しさが得られる」と解説した。

二〇一八年四月二二日の午後のことである。コープあいち生協生活文化会館大会議室の正面に、「野原敏雄先生　生前葬（想）」のパネルがあった。約一〇〇人が全国から集まり、花を飾った各テーブルには、協同組合、地理学、名古屋大学、中京大学、住民運動・文化活動、市民運動・まちづくり、中津川市、鷹ノ巣の関係者十数名が座り楽しく懇談した。テーブルを代表して参加者のスピーチは、生協や大学関係者の他に、太陽光発電ネットワーク、農業小学校、地域の住民運動、文化運動などと多彩で、野原さんは静かに笑みを浮かべていた。

貧困と病弱をのりこえ学問を

名古屋の製材所で職工として働く父の家庭に、野原さんは長男として一九三〇年に生まれた。幼年から本が好きで「読んで坊主」と呼ばれ、小学校も優等生であったが、父が結核になり母の内職での貧しい暮らしとなった。小卒で働くか実業学校にするか迷ったが、担任の薦めで旧制中学に入った。将校になるため幼年学校を目指したが、病弱で乙種合格となって諦め、国策の大東亜共栄圏をつくる地・歴を学ぶことにした。

疎開した父母の田舎の西濃で農地を借り、農作業して家族の食糧を野原少年は賄った。同時に大垣の中学へ通って卒業したが、戦後も働かざるをえなく、農繁期以外は商店の手伝いで家計を助けていたので進学できなかった。国家による理不尽な大戦後に、野原さんは何事も自らの頭で深く考えるようになった。

父の健康が回復し、戦後教育の在り方を指導する愛知県教育委員会の教育文化研究所の図書室事務員として働き、たくさんの本に触れた。学資の目途がついた一九五一年に、名古屋大学文学部へ入り勉学に励み、恋人もでき青春を謳歌したが、父と同じ結核を患い帰郷して静養するしかなく、五年かかって卒業した。病歴で就職できず大学院に入って勉学を続けていると、紹介者がいて一九五六年に中京商業高校で人文地理を教えることになった。

こうして貧困と病弱を乗り越えた野原さんは、その後の地域や社会的弱者を大切にする研究者へと羽ばたいていく。当時を野原さんに語ってもらった。

「専門の地理学は、地域における人々の暮らし方の特性研究で、環境に支配された人でなく、人がより環境を利用していく結果としての暮らし方の研究です。その成果として一九七七年に出した『日本資本主義と地域経済』が、評価を受けて励みになりました」

地域を重視する理念は、一九九五年に愛知・岐阜・三重の生協で設立した地域と協同の研究センターなどにも脈々と繋がっている。

同思想の原理の友愛

野原さんが友愛に関心をもったのは、一九八〇年代後期にめいきん生協から、「九〇年代のめいきんビジョン」作成を委嘱され、チームで協同組合の研究に入ったときで、当時を語ってくれた。

「革命二〇〇周年のフランスを一九八九年に訪問しました。レジスタント運動で著名なイブリ市の歓迎式典で、市庁舎の壁にリベリテ（自由）、エガリテ（平等）、フラタニテ（友愛）の見事な文字がありました。もっと心を打ったのは、晩さん会で元レジスタンス活動家とフランス語交じりの英会話で、友愛が日常語で使われ協同の基底にあると直感したことです」

それでも友愛は、社会科学や人権原理としての検討はあまりなく、自由と平等が友愛を介して両立する理論化は簡単でなかったが、多数の文献から二つの糸口を見つけた。一つはA・スミスの『道徳感情論』で、自由な競争は親しい友人の共感でなく、最も友愛の薄い人々からの共感を得て社会的に許容されるとの指摘で、自由のもつ格差を友愛は限定すると野原さんは気付いた。

次は認知心理学のアージ（衝動）理論で、人類が生物学的なヒトから社会的な人となる十数万年の過程で、仲間を助け集団として生きる利他的遺伝子が、友愛を刺激して自由を制約し平等につながる利他行動するとした。アージは小集団の中で発動する説もあるが、時に一八四八年のフランス二月革命のように社会を動かすこともある。

友愛の理論化を深める思いを野原さんが熱く話してくれた。

「人と人の深い信頼による仲間関係の重要さを展開し、協同思想を支える友愛の原理を深める著作を出すことが、無縁や閉塞の社会ともいわれる現代の打開につながると思い、二〇一一年に『友愛と現代社会―持続可能な社会の基底を求めて』と、二〇一七年に、『友愛と協同についての覚え書き―友愛原理と協同思想の系譜』を書きました」

後者は未定稿とのことだが、友愛・協同研究会で深く議論して賀川豊彦も重視した友愛を、人類史から協同社会にまで位置付けているので、生協人にはぜひ読んでほしい。

研究者と同時に実践家

研究者の野原さんは、同時に優れた実践家でもある。

退職にあたり環境に役立たせるため、二〇〇万円の補助を受けて四〇〇万円かけ、四kWの太陽光発電装置を一九九七年に自宅へつけた。電気の使用に注意するようになって節電し、電気ポットや炊飯器の待機電力を減らすなどが貢献し、設置後一年目に前年と比べ料金は三割下がった。

この取り組みもあって太陽光発電所ネットワークの全国の仲間約二五〇〇名と、持続可能な社会の実現に必要不可欠なエネルギーシフトを進めている。

文化面でも鑑賞だけでなく実践もしている。一九一七年に不作で苦しむ小作人が、地主に納める米の減免を求めて名古屋近郊で鳴海小作争議が起きた。その地元住民が企画して小作争議のシンポジウムを開き、小作人の権利を守るため尽力した法学者雉本朗造博士の生涯に光を当てた。さらに地域の歴史をもっと知ってもらうため、住民グループが小作争議を取り上げた劇「みどりの唄」を創作し、二〇〇三年に地元の文化小劇場で演じて注目を集めた。

このとき野原さんは、脚本の創作だけでなく役者としても参加した。同劇は、庶民の生き方を深く描いて内容をより充実させ、二〇〇六年に「野に立つ」と名称を替え、名古屋市民芸術祭主催事業として演じて多くの市民の好評を得た。そのときは野原さんが上演実行委員長であった。

実践家でもある野原さんに私が感銘したのは、一九九七年に内部告発した三人に対する解雇など、不当労働行為の大阪いずみ市民生協問題の時であった。一九九九年に東京での同報告集会で野原さんは、「生協の民主主義の危機」や「生協は人格的結合の組織」に触れ、最後に「私が関係したクビ切り事件は、地裁に提訴したが長々と続くので、結局は三年間戻すことで和解しました。正しい問題を出し解雇された人の思いが、職場の在り方や人々の考え方を変えなくてはいけません。裁判は非常に大事ですが、大阪いずみ市民生協を内部から変える運動も重要でぜひ続けていただきたい」と、組織を内部から変える大切さに触れた。

研究と実践を同時に永年求めてきた行動力が凄い。

続く協同組合研究

米寿になっても野原さんの協同組合思想を極めたいとの情熱は衰えない。「資本主義の枠内で協同組合を考えることは限界があります。資本主義社会の破綻に替わる未来社会は協同社会であり、そのためにも現社会での課題実現をめざすA・センのwell—being（福祉）社会を、地域で仲間と協同して創っていくことが大切です」凛とした話に深く納得できた。

九　平和と暮らしのために　高橋晴雄さん

※「生協は今」二〇一八年一一月号

一九三八年宮城生まれの高橋晴雄さん（八〇歳　愛称ハルさん）は、東大生協や大学生協連の専務、日本生協連理事、ちば市民生協やちばコープの理事長、千葉県生協連会長等を務め、今は妻の弥寿子さんと千葉県で暮らしている。

定年後は地域老人会や福島の被災者支援で活躍しているが、クモ膜下出血や不治の難病である封入体筋炎にかかり、弥寿子さんの手助けがないと外出できない。それでもインターネットを利用し、「生命・生活以上の価値はない」との熱い思いを発信している。

仙台空襲をくぐり抜け

「起きろ！　逃げるんだ！」

熟睡していた七歳の高橋少年は、父に足で蹴り起こされた。一九四五年七月の夜に仙台市の空襲警報が解除となり、仙台駅近くの実家に家族七人で眠り込んでいるときである。Ｂ29の焼夷弾投下で、大音響と振動が木造の家を包んだ。焼夷弾と照明弾が夜空を真っ赤に染め、サーチライトがＢ29を追った。毛布一枚を子ども四人でかぶって軒先に身を潜め、爆撃が止むと母と手をつないでまた歩き、やっと東照宮の林に身を隠し夜明けを待った。

市電通りに出ると見渡す限りの焼け野原で、焼けくすぶって熱風で息苦しく、多数の焼死体が道ばたに無造作に並べてあり地獄絵だった。

テニアンを離陸したＢ29の一二三機が、仙台市内を二時間も空襲し、焼夷弾一万発で市街地の一七％が焦土と化し、死者は二七五五人で東京以北の都市で最大規模の惨事となった。

敗戦で米軍が来ると辺りは一変し、駅や線路下は戦災孤児や家を焼かれた人々の住みかになった。米兵がジープからチュウインガムを撒き、米兵とパンパンと呼ぶ売春婦の出会いの場となった自宅横の教会の庭では、コンドームが風船の替わりとして子どもの宝物になった。

高橋家では母が着物を売って芋などの食糧にし、学校では米軍放出の臭うミルクがアルミの蓋に注がれ、雑草を摘んで登校し雑草入りどんぐり粉パンを食べたこともある。

こうした戦争と空腹が、高橋さんの平和と暮らしにこだわる原点となり、大学生協連時代には学生向けに広島・長崎・沖縄への平和の旅Peace Nowをスタートさせて今も継続し、定年後は地域で吉永小百合さんによる詩の朗読会などを仲間と開催している。

大学生協の改革へ

一九五六年に東北大へ入った高橋さんは、生協に加入して五九年に東北地連書記として東北六県の大学生協設立を支援し、一九六一年に東大生協へ入り労組委員長や専務を経て七四年から大学生協連に移った。

ところで一九四七年に全国学校協同組合が創立し、四八年に消費生活協同組合法が施行となり、四九年に学制改革にもとづく新制大学が発足し文部省の大学生協育成通達が出た。一九七〇年代までは闘う大学生協の意識が強く、学生運動や革新運動の一環として要求闘争が中心であった。

そうした中で一九七六年に大学生協連の専務となった高橋さんは、八〇年の全国大学生協連総会において「大学生協の役割と当面の課題」をまとめ、大学生協の新たな発展の基礎とした。三つの役割は、①生活の場としての大学に事業を軸とし、事業の充実を通して学生・教職員に貢献する、②真に豊かな生活文化を形成していく生活主体へと成長を育む、③自治と民主主義をになう力を育み、生きた民主主義の学校としての協同組合の役割を発揮することであった。

大学生協連の会員は全国に二二〇あり、一五六万人の組合員で年間供給高は約一八五〇億円で、学園生活になくてはならない存在となり、そうした基礎をこの時期に創った。

大学生協の改革に大きな理論的示唆をしたのは福武直（一九一七〜一九八九）先生で、戦後の大変動期に民主化を推進し、農村研究を核に現実科学としての社会科学を発展させた農村社会学者で東大名誉教授でもあった。

東大生協理事長を経て一九七六年に大学生協連会長になった福武先生は、七八年に大学生協の歴史的転換となる文書「大学生協を巡る諸問題」を発表し、大学生協の意義と新たな在り方と役割を提言した。

その福武会長所感で大学における生活面は、学生と教員が対等の立場で民主的に福利厚生事業を運営するとし、大学生協が学内コミュニティの重要な組織として、広く深く根ざすことを強調した。自主的民主的な事業団体であり、自力ですることと大学の援助が必要なことを区別して協力する存在として考えることや、生協である原点に立ち学園生活を健全で楽しいものにするよう訴えた。

こうした考えの福武先生と高橋さんは、一緒に所感の実践につなげていった。福武先生の回想で高橋さんは、「掛値なしに中興の祖でした。あるいは大学生協の恩人といってもよい」と話している。なお福武先生には『大学生協論』（東京大学出版会　一九八五年）がある。

たすけあい共済

福武先生と高橋さんのコンビで実現させた画期的な事業に、一九七九年に困難を乗り越えて発足させた大学生協共済がある。共済とは、同じ地域や職場・学園にいる人が、互助の精神のもとに結集して、掛金を出しあい加入者に火災・死亡・自動車事故・傷害・病気が発生したとき、あらかじめ定めた金額を支払う助け合いである。

オックスフォード大学でイギリス学生組合の共済を高橋さんが視察し、日本での導入を考えたことがきっかけであった。その主旨に共感した福武先生が、厚生省の担当者を紹介して困難はいくつもあったが実現化した。ところが翌八〇年に学徒援護会が保険会社と組み、学生共済の売り出しを準備した。そこで怒った福武先生は、学生相互の助け合いのない共済は本来の共済でないとして、高橋さんといくつもの大学の学長を訪ねてこの動きを阻止した。

一九八一年には保険の共同購入から、自分の出した掛け金が仲間のために使われて良かったと思える共済をめざし、学生の互助として事故や病気への見舞い金を送る学生総合共済を開始した。

その後に大学生協では、学生総合共済が学生にとってより良いものになるように、加入・給付・報告・予防に関する活動を共済活動の四本柱と位置付け、今では全国で七二万人以上の学生組合員がこの制度で助け合っている。

一九八五年に千葉へ移った高橋さんは、大学生協での共済を地域生協でも展開し、これはその後に全国の地域生協へも広がり、今では加入者八六七万人のＣＯ・ＯＰ共済へと大きく発展していった。

組合員と生協をつなぐ組合員の声（一言カード）活動

一九六〇年代半ばに東大生協で苦情カードとして始まり一九七六年に大学生協連で定式化し、八〇年代前半に全国へ拡がった組合員の声（一言カード）は、組合員と生協との信頼関係をつくる大学生協ならではの活動で、地域生協におけるこの取り組みの普及にも、大学生協での経験を活かして高橋さんは貢献した。

具体的には大学生協の品揃えや食堂メニューへの要望もあれば、生協職員へ個人の悩み相談など、幅広い視点で組合員の率直な提案や批判を用紙に記入してもらい、それに担当者が迅速に回答し、今ではインターネットで公開している大学生協もある。真面目でかつウィットあふれる回答で話題となったベストセラー『生協の白石さん』（講談社　二〇〇五年）は、この活動の一つである。

高橋さんは、「私の現役時代の大半は、一言カードに付き合っていた」とまで話し、生協の商品開発や運営にも役立ててきた。

ちばコープ在任中に高橋さんは、商品を皆で食べてもらうため共同購入で注文し、その報告書を出すと五〇〇円が戻る「商品まんなかおしゃべり会」をすすめ、組合員をつなげていった。家族での取り組みが八割もあり、コープ商品で家族の会話が広がって次の商品開発につながり、麦納豆、満点コロッケ、プチまん、左利き商品などの話題商品が次々に誕生した。

こうした取り組みは、高橋さんの著書『発想の転換　生協—暮らし・仕事・コミュニティ』（同時代社　二〇〇一年）に詳しい。高橋さんのいくつもの貴重な実践は、組合員と目線を同じくし、時代が変わっても暮らしや地域や平和を大切にする生協の在り方を、これからも一人ひとりが考える大切なヒントになっている。

一〇　命・健康・平和を求め　謝花悦子さん

※「生協は今」二〇一九年二月号

伊江島へ

二〇一八年一二月に知人の車で那覇から辺野古経由で本部港へと走り、一一時のフェリーで三〇分かけ伊江島に渡った。小雨が吹きつける船窓から、沖縄本島と伊江島の間の先に東シナ海が見える。第二次世界大戦の末期に、鹿児島を発った特攻機の多くが、連合軍の群がる艦船に向け散華した場所でもある。

伊江港は改修され新しい建物が出迎えてくれた。一九四八年八月のことである。この港から米軍の船で運び出していた爆弾が大爆発し、泳いでいた子どもを含め一〇二人もが死んだ。

大戦時に伊江島は激戦地となり、三〇〇〇人の日本兵の二五〇〇人と、民間人三〇〇〇人の半分が殺されたから、その壮絶さをうかがうことができる。島中の家屋や樹木は焼き尽くされ、戦後はゼロからの出発であった。ところが一九五三年から今度は米軍の基地造りがはじまり、島の六割を銃剣とブルドーザーで奪われ、人々は生きることができず基地反対の闘いに立ち上がる。その先頭に阿波根昌鴻（あはごん　しょうこう　一九〇一～二〇〇二）さんが立ち、永年傍で支えてきたのが今回訪ねる謝花悦子さん（八一歳）で、二人は伊江島生協の元理事長と元店長でもあった。

「わびあいの里」を訪ねて

港から車ですぐの「わびあいの里」を訪ね、車椅子の元気な謝花さんに再会した。家庭も社会も国も平和で豊かに暮らすには、わびあいの心によってしか実現しないとの願いで名付けた。障がい者や年寄りや子どもらが、生きがいを求めて互いに助け合い、心や体を育むやすらぎの場で平和を語る「やすらぎの家」と、平和のため戦争の原因を学ぶ目的で、人命を粗末にした戦争の遺品と、米軍の砲弾や原爆模擬爆弾や、戦後の生活用品や基地反対闘争の記録を展示する「ヌチドゥタカラの家」がある。日本兵が泣き声を防ぐため母親の抱く少年を刺し殺したとき、その亡骸から阿波根さんがていねいにはがした血痕付きの子ども服も入口にある。

二〇年ほど前に私は、阿波根さんの人生を本にしたいと島にしばらく滞在し、やっと原稿を書きあげたが、力不足で残念ながら出版はできなかった。その後も何回か島を訪ね、あるとき持参した平和のシンボルの被爆ハマユウが庭に根付き、白い花を毎年咲かせると謝花さんは喜んでいた。

阿波根さんの想い出はいくつもある。その一つが、よく語っていた指の話である。晩年の阿波根さんは、まぶたの皮ふが垂れて見えなくなっていたが、正面向いて手を高く上げてゆっくりと噛み砕くように話していた。

「私は、この五本の指から学ぶことにしておりますね。親指、中指、小指、形も皆違うのに、協同一致で団結。五本の指が、親指が偉い、いや中指が偉いと分裂しますと、ペンも取れませんね。だが一致協力すると、ペンも取れる、手紙も書ける、ご飯も食べることができる。ですから、私たちは、心を一つにして、家庭から平和を作って仲良くしていくことです。国と国との大きな戦争も悪い、友達同士のけんか、いじめ、これは小さい戦争で、これも悪いこと。これも止めるようにしましょう。私たちの平和作りは、仲良くすることですね。

自分が幸せになるのと同時に、他人も他国も、みんな豊かに幸せにしていく。そのためには、日本の平和憲法を、世界の平和憲法にしていきましょう。その義務、使命を誇りとし、希望を持って、お互い長生きをして、がんばっていく。これが我々の生きがいであると、信じているわけであります」

日本のガンジーとも呼ばれた阿波根さんの大切な教えの一つである。

伊江島生協

かつて阿波根さんは、「賀川豊彦先生が立ち上げたのは、農業協同組合、生活協同組合である。それに応えたい」と話し、佐々木辰夫著『阿波根昌鴻　その闘いと思想』によると、一九七〇年に伊江島生協の店を出した。

その時に阿波根さんは、「いつか二人が死んだ後でも、生協であれば全国から支援をしてくれて、村人の暮らしに役立つから」と話したので、当初反対の謝花さんも納得して激務についた。

人々の暮らしを支える伊江島生協は、一人一ドル（当時三六〇円）の出資金で、約一〇〇〇世帯の島民の半数を組織した。村役場近くの二階建てで、一階三〇坪と二階一五坪の売り場に、二階は食料品・日用雑貨・衣料品・化粧品で二階は寝具・家具を並べた。

離島のため商品の仕入れが大変であった。足に重い障がいをもつ謝花さんは、松葉づえで体を支えつつ月に一度は那覇の問屋をいくつも廻り、仕入れた品々をトラックに乗せ船経由で店まで運んでいた。

一九六七年に設立していた琉球大生協は、コープ商品の仕入れや棚卸しでも伊江島生協の支援を続け、さらには学生委員の平和学習の合宿を毎年伊江島でしていた。

一九七二年に設立した沖縄医療生協の協力で、伊江島で初めての健康診断を実施し村民の健康管理にも取り組んだ。

謝花さんは朝六時から夜一二時まで働いたが、本島と同じ値段で販売したため輸送コストが伊江島生協の負担となり、やがて経営が行き詰まり、『コープおきなわ四〇周年記念誌』によると一九八六年にやむなく閉店している。

伊江島生協解散のご苦労さん会で、阿波根さんと謝花さんは責任を感じ落胆していたが、那覇などから駆けつけた支援者より、「よくここまで頑張ってくれました」とねぎらいの言葉がいくつもあった。

謝花悦子さんの歩みと願い

土地収用法に基づく裁決をする行政委員会の沖縄県収用委員に対し、謝花さんは一九九七年に以下の話をした。

「戦争は、すべての不幸の根源です。戦争の残酷さ、無駄、愚かさ、体験した日本が、去った戦争よりも軍備を強化していくことに驚いております。

私は四歳で発病し転々と入退院しましたが、戦争中は病院に医者はおらず、インターン生が誤った治療をし、それから熱と激痛に連日苦しみました。戦後になって私は、本島の病院へ行ったときにお医者さんから、この病気は発病当時なら飲み薬だけで治せたのに、一体どうしたのかといわれました。それを聞いた私は全身に怒りがこみ上げ、今後は戦争をなくす人生を歩むと堅く決心しました。あの時のことは一生忘れません。

戦争した国は反省どころか、再軍備の強化を押し進め、米軍基地がある故に事件や事故が相次ぎ、戦場さながらの演習が今日も続いている。こんな恐怖の生活から、一日も早く解放されたい。

世の中で一番の宝は命、一番ありがたいのは健康、一番大切なものは平和で、この三つは土でき、これらが備わると本当の幸せが得られます」

今の謝花さんの強調したい一つが、伊江島では今も米軍基地を増強していることである。日米特別行動委員会（SACO）の合意後、一九九八年に伊江島補助飛行場へパラシュート降下訓練が移り、二〇一二年にオスプレイが沖縄へ配備になると訓練は増強した。二〇一六年にはオスプレイと最新鋭ステルス戦闘機F35の離着陸訓練用に、強襲揚陸艦の甲板を模した工事が始まり、そのため穴を掘ると三三〇〇発もの不発弾が出て作業は大幅に遅れ、二〇一八年一一月に完成して翌月から演習が続き、飛行場近くではオスプレイや攻撃機ハリアーの爆音で牛の死産が相次いでいる。

辺野古と高江の新基地反対運動は高まっているが、新聞報道では伊江島の軍用地料は年間約一五億円もあり、基地容認派が大半になってここは静かである。

謝花さんは言う。

「阿波根の一生には、道理にあう生き方と闘いをしている自信がありました。伊江島の闘いが酷く、自殺か発狂しかない時代もありました。その時に阿波根の言われたのは『理解は力なり』でした。人間は理解すれば信頼し、信頼すれば尊敬し、尊敬すれば力になるのです」

一人ひとりの生き方が問われている今、この言葉は重い。

戦中戦後の日本の歴史が凝縮した伊江島には、人間らしく生きる人が今も確かにいる。阿波根さんと謝花さんの平和へのメッセージを、ぜひ全国の生協人に届けたい。

二　生協で大切にした生活者目線を地域社会にも　立川百恵さん

※「生協は今」二〇一九年七月号

一九三八年岐阜県生まれの立川百恵さんは、学生時代の日本女子大学だけでなく、子育ての頃の千葉県船橋市や、その後に暮らした愛媛県松山市において、三回もの生協づくりに関わっている。

大学や地域の違いもあれば時代の変化もあるが、生協の原点でもある生活者の目線をいつも大切にしてきた。全国的にも生協の事業規模が拡大し、社会や組合員からの期待も多様化する中で、生協の原点を再確認しつつ、これからの課題を考えることも重要である。

日本生協連理事の同窓会として久友会があり、六月の同総会後に開催となった場に参加した立川さんと会って話を聞かせてもらった。

六〇年代の大学生活・七〇年代の子育て

一九五七年に立川さんは、都内にある日本女子大学に入学し、一番ケ瀬康子教授のもとで社会福祉政策を学び、その後の人生に大きな影響を受けた。生協活動と福祉の取り組みの経験を通して、一九九八年には『高齢者福祉と生協・農協―参加型地域福祉実践例として』を一橋出版から出すにあたり、一番ケ瀬さんの監修を受けている。

学生当時は、大学生協づくりにも関わったと立川さんは話してくれた。

「日本女子大に当時は生協がなく、東京大学や早稲田大学の生協に出かけては、一〇％引きで書籍を買ったりしていました。学内で生協の設立準備委員会を作りましたが、OGの会が売店を経営していて残念ながら設立できませんでした。同時に自治会設立運動にも参加し、できた自治会の副会長につき、学長との懇談や交渉することもありました」

勉学だけでなく生協づくりでも立川さんは青春を謳歌している。なお日本女子大生協が誕生したのは一九七〇年で、学内の勉学と暮らしを支援する組織として今も運営している。

立川さんは千葉県船橋市の団地の時に、何かしなくてはと若い母親たちと一緒に、牛乳愛飲運動や青空保育へ取り組んだ。それが母体となり一九七三年に船橋市民生協へ、一九九〇年にちば市民生協と合同してちばコープとなり、二〇一三年にはコープとうきょう・さいたまコープと合併し、日本で最大規模のコープみらいへとつながっている。

当時の様子を立川さんは語ってくれた。

「長女が一九六二年に次女が一九六五年に生まれ、子どもを抱えて外での仕事ができませんでした。その頃に森永ヒ素ミルク事件があり、子どもの食べ物にそれまで以上に私たち母親は注意しました。多くの人が安くて栄養のある食品を求め、当時出始めていた魚肉ソーセージは、子どもが食べ易くてタンパク質もあって普及し、私もよく利用しました。ところが有害色素である赤色二号添加の事実が新聞で流れ、ショックを受けたものです。我が子の成長に良かれと与えた魚肉ソーセージが、健康を害する食品だったのです。自らを深く責めたものです」

一九六六年に立川さんは、夫の愛媛大学赴任に伴い、松山市に転居してからも生活者の目線で考え動いた。家族の食べ物を心配する宿舎の仲間と、牛乳を調達して一緒に飲んだ。また卵は農家へ、小麦粉は製粉所までと、生産の場へ出掛けて話を聞きながら貰ってくる直買いを少しずつしていた。ときには大根を多く入手すると、たくわん漬けを共に楽しんだこともある。

えひめ生協の設立

えひめ生協が一九七四年に設立し、立川さんは、「エー、ここにも生協がある！」とすぐ加入した。設立趣意書には、『自分たちを守るのは、まず自分たちではないでしょうか。毎日の生活の中で、不安や不満を持つ家庭の主婦自身が、そうした問題を持ち寄り、解決していくために力を寄せ合って行く—こんな活動があればどんなに力強いでしょうか。この活動をする組織こそ、愛と協同相互扶助の精神に立つ生活協同組合」とあった。

一九七五年に理事となった立川さんは、「組合員組織づくりをしっかりする」、「生協を知るニュースを発行する」、「組合員が勉強をして商品開発する」などと発言し、広報委員会・家計簿委員会・商品委員会・組織委員会の好きな場に参加した。

商品委員会での活動について立川さんが話してくれた。

「あるベーカリーは、パンの素地をきれいに剥がすため、表面に流動パラフィンを使っていました。驚いて『流動パラフィンを使わないで』と言うと、『何バカなこと言っているんだ！』と反論されたものです。それが組合員で一万人を超えると逆転し、『生協で希望する商品は？』とメーカーが聞くようになり、希望を伝えると『ここまでは出来ます』と対等の関係になったものです。

保存料を使えば腐らず食中毒にもならず、メーカーはこんな良い物はないと、当時は食品添加物を約四〇〇種類も使っていました。でも黙っていない消費者は、全国的に動き若い母親の共感を得て輪が広がり生協が伸びました」

生活者の目線を大切にしたことが一番の教訓である。

一万人の組合員で迎えた一〇周年

発足当初は非常勤理事を中心に、各地区の代表一五名で理事会を構成していた。仲間を増やし商品を知らせ出資金を話すなどの役割を担ってもらい、生協とはこんな事をしていると話す理事を増やしていった。苦労もあったがやり甲斐を感じた当時を立川さんは語ってくれた。

「理事さんたちは熱心に、自分の事として食品安全の問題を周りへ広げて大きな力となりました。一〇周年を一万人の組合員で迎えようと燃え、役職員の区別なく話して納得しつつ皆で動いて力になったものです。

組合員が主人公の組織だから主体的に動かなくてはだめと常に肝へ銘じ、組織が拡大すると組合員が受け身になりお客様となるので、生協は組合員が主体といつも言いました。組合員が一万人になる頃から、いろいろな業者が来るとだんだん職員が偉そうになり、座ったまま業者を立たせて商談することもあって、私は厳しく注意すると同時に、生協の原点を伝え続ける必要を痛感したものです」

何か問題が起こると原点に立ち返ることが組織運営の基本である。

組合員参加の適正規模

一九九九年に立川さんは、理事長をおりた後も生協の在り方について考え、その一つが適正規模で次のように話してくれた。

「店舗や支所の対象範囲が一万人位の規模で、世話係も構成員も分かり合えて、主体的に動くことができるように感じます。権限を店長や支所長に全部渡し、理事と支所長か店長とで、その組織をどうするかをきちんと考えることです。大規模になると、どうしても組合員が受け身のお客様になってしまいます。私は組合員の為との言葉が嫌いで、組合員と共にと言い直します。為にと表現すれば、お客様にサービスする姿勢になりがちで、生協さんと発言する組合員には、『生協さんではなく貴女が生協でしょう』と言いたいですね」

事業経営ではマスメリットのため規模拡大を追求するが、他方で運動では個人を活かすため小規模が効果的なことも多い。どこの生協でも常に考えなくてはならない課題だろう。

立川さんは、他にも愛媛県生協連副会長や、日本生協連の理事や女性評議会議長などもしてきた。長年の多忙な生協活動で、家庭との両立は苦労があったと最後に話してくれた。「子どもたちの評価も心配でしたが、『やりたいことがあったらやらなきゃだめよ』とか、生協だよりのカットを手伝ってくれたこともあります。

『生協に女房を取られた夫の会』を作るから、私の夫へ代表の話もありましたが、夫は断わりました。夫は死の直前に、『多くの功績を挙げたと言われるが、一番の手柄は百恵との出会い』と息子に語ってくれました。家族全員に深く感謝しています」

生協と家族に生活者の温かい日線で向き合ってきた立川さんのこだわりは、地域社会に対しても同じで、四国で初めて障がい者福祉列車ひまわり号を走らせ、スペシャルオリンピックス日本・愛媛の会長、憲法九条を守る愛媛県民の会代表委員の一人、伊方原発運転差し止め訴訟原告団の共同代表の一人などもし、生活者主体の社会づくりは生協の役職を下りてもずっと続けている。

立川さんの人生から学ぶことは多い。

一二　生協における働き方を考え続け　兵藤釗さん

※「生協は今」二〇二〇年一月号

二〇一九年八月下旬のある日、二週間の沖縄取材から戻った私は、届いた書籍小包を開けて驚いた。『戦後史を生きる　労働問題研究私史』（同時代社）、五四八頁もの大著で、著者である兵藤釗先生（八六歳）から謹呈のしおりがあって恐縮した。

この書物は、①小学校から旧制中学へ、②東大　駒場から本郷へ、③大河内「出稼型論」との格闘、④大学紛争のなかで、⑤戦後研究へ、⑥八〇年代を迎えて、⑦時代の区切りに際会してから、以上七章で構成されている。東北大学野村正實名誉教授と上井喜彦元埼玉大学長の二人からの聞き取りに兵藤先生が応え、生い立ちから東大闘争や各種の研究時における心境を語り分かりやすい。

経済学者の兵藤先生は、戦後の労働問題研究を代表する一人で、同時にいくつもの生協の役職も担ってきた。一九三三年に愛知県で生まれ、一九六四年から一九九四年にいたる東大経済学部教員を経て、一九九四年から二〇〇四年まで埼玉大学経済学部教授と埼玉大学長を務めた。

その間に、東大生協理事長、旧さいたまコープ理事、大学生協連副会長、生協総合研究所理事、日本高齢者生協連合会会長も歴任した。

私は生協総研にいた頃、二回の研究会の座長を先生にお願いし、報告書の作成やシンポジウムも開催させてもらった。おかげで懇親の場を含め有意義で楽しい場を何回ももつことができた。

八月下旬に先生の自宅がある千葉県の最寄駅へ出かけ、居酒屋で久しぶりに話しを聞いた。体調を悪くして杖で歩行し、特に段差の上下が難しくなっていたが、以前と同じ酒量をたしなみ、生協での働き方などを熱く語ってくれた。

生い立ち

愛知県の農村で五人兄弟の長男として生まれた兵藤先生は、五歳後の弟が生まれると子守りをし、小学高学年の頃には一町少々の田畑で、田植えや草取りなどで両親を手伝っていた。つぎはぎのある下着を着て通っていた国民学校では、勤労奉仕で桑の皮をむいて軍服用に陸軍へ供出したり、食糧の足しにイナゴを集めて出したりしたこともある。

当時は何回かアメリカ軍の戦闘機による機銃掃射を受け、怖い思いをしたこともあった。

小学六年を終われば高等小学校に通い、卒業後は家の農業を継ぐつもりであった。しかし、たまたま学校の女教師の薦めもあって受験勉強し、一九四六年に郡で唯一の県立中学へ入学した。

翌年の頃から文学少年になった先生は、太宰治の『人間失格』を愛読し、すっかり太宰ファンになった。しかし、太宰が自殺してからは落ち込み、中学三年頃から酒やタバコをたしなむようになった。と同時に社会への関心を強め、共産党に親しみを持ち始めた。その頃に前進座の地域公演を手伝う機会があり、共産党員である座員たちの明るさに魅力を感じ、また高校読書会に参加して社会への視野をより広げていった。

当時の気持ちを次のように兵藤先生は語ってくれた。

「以前からとにかく貧乏から抜け出したい思いが強く、特別にマルクスの本を読んだわけではないけれど、河上肇の哲学の本を読んだりして、一九四九年の一五歳のとき日本共産党へ入党しましたよ。バイタリティある朝鮮の人に会って刺激を受けたりし、党員として一所懸命に活動していましたが、一年ほどで勉強に集中するため離党しましたね」

貧乏な生活から抜け出す道を、文学や社会主義に求めて青春時代を謳歌していた。

東大生協の理事長に

一九八三年に兵藤先生は学部長から相談を受け、総長からの提案にそって東大生協の顧問にまずなり、その後に理事を一年経験し、一九八五年から一九九三年まで理事長になった。歴代で最長の八年半である。

一九七〇年前後に各地で発生した学園紛争の前は、大学と生協が敵対関係にあり、それは東大でも同じであった。しかし、東大では紛争後に生協の理事長となった福武直先生は、加藤一郎総長の特別補佐をしていたことからも分かるように加藤総長とは信頼関係にあり、生協と大学は話し合って互いに協力しあうようになる。福武先生はその後に全国大学生協連の会長となり、東大だけでなく全国の大学生協の今日につながる路線を確立していった。

兵藤先生が理事長時代に、理事会と労組の関わり方についての提案をしたと話してくれた。

「生協の事業は全て専務に任せ、前任者から教わった挨拶業兼執筆業をしていましたよ。一つだけ提案したのは、各大学別に生協理事会と労組が賃金交渉をしていましたが、人事交流もしていたので統一して話し合うことで、調整して一九八八年からそうなりました。もっとも統一交渉で一律の賃金回答を出すのでなく、大学生協別に事業の進展は毎年異なるので、多少は賞与に差をつけることも考える必要がありそうです」

東大生協職員の年一回の慰安旅行に先生は、毎年つきあって気さくに交流し好評であった。

生協での働き方を研究

生協の事業規模が大きくなり、全国の生協の職員数も多くなってきたし、厳しい経営でパートや委託の職員の割合も増えていった。それにともなって仕事や人間関係も複雑になり、生協における働き方はどうあるべきか大きな課題になっていた。

そこで一九九三年から生協総合研究所で、「生協労働と職員問題研究会」を立ち上げ、兵藤先生に座長となってもらい、生協総研の研究員であった私は事務局として動いた。ここでは労働研究の学者の他に、弁護士・生協役職員・生協労組役員にも参加してもらい、まずは生協労働の実態がどうなっていて、研究してメスを入れなくてはならないことは何か調べた。具体的には、日本生協連や主要な地域生協のトップや労務担当役員、それに生協労組の役員からの聞き取りである。これらを基に日本生協連の会員である地域生協トップと生協労組役員へ、「生協労働と職員問題に関する意識調査」を実施した。

その結果、地域生協役員の関心は第一に職員の力量強化で、労組役員の関心は仕事の意味の明確化が第一となり、両者に共通は職員の運営参加であった。

同研究会の成果をもとに生協総研では、報告書の作成とシンポジウムを開催した。そこで先生が強調したのは以下の内容であった。

「ノン・プロフィット事業体である生協職員の苦境を打開する鍵は、労苦や労働を意味する labor から、主体性を大切にする仕事の work へ、一人ひとりが組換えることにあるのではないでしょうか。

そのためマニュアル化したオペレーションからの脱却と、組合員の豊かな暮らしの実現に役立つ仕事の在り方を追究することだと考えました。またエンド・ユーザーの組合員と日々接触する職員の専門的能力を養い、組合員の顧客化に歯止めをかけることが、競争に負けず生協を維持発展させていくポイントになるはずです」

labor から work への指摘は、職員が与えられた役割に対し、受動的から能動的な態度へと変化させることであり、私にとっても印象的であった。

その成果を基に一九九五年には「生協における仕事のあり方研究会」を発足させ、引き続き兵藤先生には座長になってもらい、他に五人の学者が参加し、みやぎ生協や旧ちばコープと同時に、「作と演」との独自の考えで、首都圏において健闘しているローカルチェーンのサミット（株）の調査もさせてもらい、あわせて店舗の職員を中心とした独自のアンケート調査も実施した。

この研究会について先生は、次のように話してくれた。

「アンケートでは、正規職員の過半数が仕事の成果や力の発揮度に応じた処遇を求め、長く働くパートからは何かやりがいのある仕事をしたい声が高いことも分かりました。商品開発や業態改革に向け、組合員の声に依拠しつつ創意工夫できる場を望んでいる職員の多いことも印象的でしたね」

パートを含めた全職員の力をもっと発揮させる可能性はあり、生協の組織や労組として改善する方向性は見えてきた。

それにしても八〇歳後半になってもこうした大著を世に出し、正面から社会に向き合ってきた自らの内面を、赤裸々に語ってくれた兵藤先生の生き様に私は感動する。研究会で教わったことだけでなく、こうした人生哲学からも学ぶことは多い。

おわりに

私は人生の三原則を「歩く・聴く・書く」とし、土佐人のこだわりが強い「いごっそう」で、理屈とお酒が好きで中途半端が嫌いなため、すぐ熱くなり行動して後悔することも多々あったが、これからも自分なりの人生を歩みたい。生協の平和運動にも関わる『広島・被爆ハマユウの祈り』(同時代社)を二〇二〇年七月中旬に出し、その後にこの連載のまとめや沖縄などの単行本も考えている。

人生の価値は、何をしてきたかではなく、最期までに何をしようとするかで決まると私は考える。

伝言③に登場した野尻武敏さんの年賀状に、「年ゆけば年ゆくごとに去りてゆく　時間の重み増してくる日々」とあり、メモして書斎に掲げてある。連載一二二本を再読し、素敵な出会いをさせてもらった多くの方々と、自由に書かせてくれた当紙の宮崎元編集長に、そして何より永らく愛読していただいた全国の生協の仲間に心から感謝する。

中国の書に「日残リテ昏ルニ未ダ遠シ」とある。藤沢周平が小説『三屋清左衛門残日録』で展開したように、人生が終わるにはまだ日があるから、もう少し自分なりの役割を果たしたいとの願いを込めている。

七一歳の私は、当面は八〇歳まで自由に歩むことができるよう努めつつ、この連載とは異なる形で発信を続けたいと考えている。そのためぜひ全国の生協人に、これからもご一緒によろしくとお願いしたい。

ともあれこれからもお互い健康でありますように。

あとがき

夫一郎が亡くなってから、早二ヵ月が過ぎました。

思い出すのは、仕事から帰り夜遅くまで机に向う姿でした。原稿を書いたり、資料を整理したり本を読んだりしていました。

休みの日は、よく取材に出掛けていました。交通の不便な所は、電車に折りたたみ式の自転車を持ち込んで出かけていました。

とにかく好奇心が強く、色々な人達の話を聞くのが楽しかったようです。定年退職してからは、思う存分取材できたと思います。

退職と同時に地域では、防災会を立ち上げ、中心になって行動しました。会議の後は、おつまみやお酒を持ち寄って、親交を深めていました。顔の見える関係が大事といつも言っていました。

そんな多忙な中、孫達を連れての旅行、夫婦での旅行は毎年欠かさず行っていました。のんびり、リラックスできたのでしょう。その時、夫は必ずスケッチブックと水彩絵の具を持って行きました。

そういえば取材のときはいつも持って行っていました。主に風景画をボールペンでスケッチし、ホテルに帰ってお酒を飲みながら、色付けしていました。それは、至福の時だったようです。

また折りにふれ、娘達家族と集まり、お酒を飲みながらワイワイ過ごすのが好きでした。そして、いつもその中心にいました。ちょっとせっかちで、何でもすぐ実行する人でした。私はのんびりした性格でまるで正反対でした。それでも四九年間、本を出すという夢を追い続け一緒に歩んで来られたのは幸せな事でした。

最後に残したことばは、家族、お付き合い下さった方に感謝の気持を伝えてほしいとのことでした。

夫に関わって下さった皆様ありがとうございました。

そして、最後の願いだった本の出版にあたり、インターネット事業団の飯島信吾さん、現代ルポルタージュ研究会の上田裕子さん、同時代社の川上隆さんに大変お世話になりました。心よりお礼申し上げます。

西村和枝

著者略歴

西村　一郎（にしむら・いちろう）

略歴

1949年４月29日 高知県生まれ
　70年　国立高知高専機械工学科卒、東大生協に入協
　75年　東大生協常務理事
　77年　大学生協東京事業連合食堂部次長
　86年　全国大学生協連合会食堂部長
　92年　公益財団法人生協総合研究所　研究員
2010年３月　生協総研を定年退職　　その後、フリーの生協研究家、ジャーナリスト
2023年12月６日　永眠

・研究テーマ　①生協　　②食生活　　③平和
・所属　　　　日本科学者会議　現代ルポルタージュ研究会　被爆ハマユウクラブ 他
・著書　①「生かそう物のいのち」連合出版 1986年 、②「協同組合で働くこと」（共著　芝田進午監修）労働旬報社 87年、③「学食ウオッチィング」三水社 88年、④「今、学生の食は」（編著）全国大学生協連 90年、⑤「トレンディ食ショック」芽ばえ社 91年、⑥「お酒に乾杯」連合出版 92年、⑦「炎の翼にのって―画業浦上正則、海外四十年の記」連合出版 93年、⑧「子どもの孤食」岩波ブックレット 94年、⑨「北の大地から―北海道の農業は元気です―」コープ出版 94年、⑩「ビッグ・ハグ」実教出版 95年、⑪「みんなでつくる楽しい子どもの食生活」（共著）合同出版 96年、⑫「平和の使者　象をください」JULA 出版局 99年、⑬「JEN　旧ユーゴと歩んだ2000日」佼成出版社 00年、⑭「子どもが食べたいものなあに？」コープ出版 02年、⑮「子どもの脳力は食べ方で決まる」三水社 03年、⑯「エクセレントでみつけた生きがい・働きがい」コープ出版 03年、⑰「知床から―地の果て観光文化のまちづくり―」連合出版 04年、⑱「雇われないではたらくワーカーズという働き方」コープ出版 05年、⑲「生協の本」（共著）コープ出版 07年、⑳「生協の共済」（共著）コープ出版 08年、㉑「生協のいまを考える」（共著）かながわ生協労組 08年、㉒「生協のいまを考えるⅡ」（共著）かながわ生協労組 10年、㉓「ギョーザ事件から生協を考える」（共著）　生協労連 10年、㉔「協同っていいかも？―南医療生協 いのち輝くまちづくり50年―」合同出版 11年＊第18回平和・協同ジャーナリスト基金奨励賞、2013年生協総研賞特別賞、㉕「悲しみを乗りこえて共に歩もう―協同の力で宮城の復興を―」合同出版 12年、㉖「なぜ、いま『魚の汚染』か」（共著）本の泉社 12年、㉗「被災地につなげる笑顔―協同の力で岩手の復興を―」日本生協連出版部　12年、㉘「生協は今 No.1」アマゾン　Kindle 版　13年、㉙「生協は今 No.2」アマゾン Kindle 版　13年、㉚「協同組合と私たちの食」アマゾン Kindle 版　13年、㉛「３・11忘れない、伝える、続ける、つなげる―協同の力で避難者の支援を―」日本生協連出版部　13年、㉜「生協は今 No.3」アマゾン　Kindle 版　13年、㉝「福島の子ども保養―協同の力で避難した親子に笑顔を―」合同出版 14年、㉞「宮城・食の復興―つくる、食べる、ずっとつながる―」生活文化社　14年、㉟「協同の力でいのち輝け―医療生協◎復興支援@地域まるごと健康づくり―」合同出版　15年、㊱「愛とヒューマンのコンサート―音楽でつながる人びとの物語」合同出版　16年、㊲「広島・被爆ハマユウの祈り」同時代社　20年、㊳「生協の道　現場からのメッセージ」同時代社　20年 ㊴「あしたへつなぐおいしい東北　古今東北のチャレンジ」合同出版　21年　㊵「沖縄恩納村・サンゴまん中の協同」同時代社　21年
・家　族　妻（娘２人はそれぞれ結婚し孫５人）
・趣　味　スケッチ　　調理

増補改訂版 生協の道――西村一郎・最後のメッセージ

2024年3月25日　　初版第1刷発行

著　者　　西村一郎
発行者　　川上　隆
発行所　　株式会社同時代社
〒101-0065　東京都千代田区西神田 2-7-6　川合ビル
電話 03(3261)3149　FAX 03(3261)3237
印　刷　　精文堂印刷株式会社

ISBN978-4-88683-963-3